ちくま文庫

「悪所」の民俗誌

色町・芝居町のトポロジー

沖浦和光

筑摩書房

「悪所」の民俗誌——色町・芝居町のトポロジー

目次

「悪所」の民俗誌——色町・芝居町のトポロジー

第一章

わが人生の三つの磁場

通天閣と新世界（大正年間『私説おおさか芸能史』）

1 誰にでも〈人生の磁場〉がある

この世は出会いで決まる

そのほとんどは偶然によるが、人間の一生は、いつどこで、何に出会ったか、それによって大きく違ってくる。人生ただ一度の出会いであっても、決定的な転機となる場合もある。

私のささやかな人生にしても、十八歳で敗戦という大転換期に遭遇してから、すでに六十年。激動の戦後、数年刻みでやってきた時代の転換を追うようにして、何回か大きい曲がり角があった。

さらに言うならば、この人の世には〈人生の磁場〉とでも呼ぶべき場所がある。この「場所」は、たんなる地理的な空間ではない。その人にとっては象徴的意味をもった空間である。

やはり生まれ育った「場《トポス》」と重なっている場合が多いのだが、物の考え方や感じ方、つまり自分の心性の原型が芽生えた揺籃《ようらん》の地であり、「心の古里」である。その「場所」での幼少年期の原体験は、終生消えることなく体に刷り込まれている。自意識の底に刻み込まれたその「何ものか」は、足元から人生舞台を照らし出す白光《ライムライト》みたいな役割を果たしている。

人間の生涯は、いろんな旋律で構成される多声音楽に似たところがある。その「何ものか」は一回きりの演奏の中で、途切れることなく響いてくる通奏低音みたいなものだ。もちろん、その意味するものが分かってくるのは、この浮世で苦労するようになってからである。

わが人生の三つの磁場

私の生存の根っこに横たわる〈人生の磁場〉をとり出せば、次の三つであろう。

第一は、幼少年期に形成された磁場である。まだ近世の面影が残っている旧摂津国(現・大阪府北部)の農村で生まれ育って、そこの街道筋で昭和初期の民俗を見聞した。今でも一番印象に残っているのは、トボトボと街道を旅する遊芸民と遊行者《ゆぎょうしゃ》と乞食巡礼だった。

第二は、小学校の低学年時代に、日本最大の貧民街《スラム》として知られている大阪市南部の釜ヶ崎の周辺で生活したことである。文学作品で言えば、昭和前期の若手前衛作家と目されていた武田麟太郎の代表作の一つ『釜ヶ崎』で描かれた地域である（「中央公論」一九三三年三月号）。この作品についてはずっと後で知ったのだが、釜ヶ崎へ移り住んだのは、この小説が発表された翌年の一九三四（昭和九）年だった。

このあたり一帯は、野間宏の大作『青年の環』の主要な舞台だった。なぜ、私が釜ヶ崎にこだわるのか。一口で言えば、このあたりが私の少年期における生活と遊びの場であり、この俗世の裏街道を初めて見知った土地だったからだ。

そして第三は、最も多感な青春前期、天皇制ナショナリズムを根幹とした社会体制が、音を立てて崩れていった敗戦直後の時代だった。

上京してしばらくして隅田川の東岸地域、すなわち永井荷風の『濹東綺譚《ぼくとうきだん》』に出てくる地域に住んだ。戦時中の旧制高校生時代に荷風の作品はよく読んでいたし、山手よりも下町が好きだったので、そのあたりで下宿を探した。京成押上線の立石で、電車で浅草まで四駅だった。休日によく遊びに行ったのは浅草界隈だった。

下町の職人の小さな家に下宿していたが、いつも夜十一時過ぎに銭湯に通った。そこでたびたび顔を合わせたのは、近くの芝居小屋で興行をやっている旅芸人の一座だった。数人連れでドヤドヤと入ってくるが、まだケバケバしい化粧を落としていないので、薄暗い風呂場では異様に見えた。何かのきっかけで言葉を交わすようになったので、一度彼らの小屋を覗きに行った。チラホラと十数人の客がいただけで、寒々とした舞台だった。

その一座も一カ月もすれば旅立っていって、また別の一座がやってきた。その場末の小屋のすぐ近くに、侘びしいたたずまいの十軒ばかりの遊廓があった。その由緒についてはよく知らなかったが、江戸後期ごろに街道筋にできた岡場所の名残だったのだろう。まだあちこちに戦火の傷跡が残っていた一九五〇年代初頭の下町の風景である。

人生最大の磁場・釜ヶ崎

この三つの磁場の中で、生涯を通じて最も強い磁力が働いたのは第二の磁場である。それはやはり感受性の強い少年期に、貧民街だった「釜ヶ崎」と、隣接する「飛田」の色町の周辺で暮らしたからだろう。北に五分も歩けば、明治後期に入って新しく造成された歓楽街「新世界」である。そして東側に十分も歩けば、四天王寺で有名な「天王寺」界隈である。

釜ヶ崎から西側に十分も歩けば、すぐ「西浜」の集落があった。江戸時代では渡辺村と呼ばれていたが、西日本最大級の被差別部落だった。全国一の皮革の集散地であり、井原西鶴の『日本永代蔵』や三井家三代目高房の『町人考見録』にも出てくる。維新後に人口が急増して、釜ヶ崎の近くまでその地区が拡延されてきたのだ。

地図を見ればすぐ分かるように、盛り場の新世界を中心に、天王寺・飛田・釜ヶ崎・西浜は二キロメートルの圏内にある。そこがわが少年期のホームグラウンドだった。

私は小学校の二年生で、釜ヶ崎のすぐ近くに移り住んだが、高学年になると、チンチン電車が走っている阪堺線で十数分の田辺に移転した。だが、中学・高校時代になっても、旧友が多いので釜ヶ崎のあたりはよく訪れた。いつも遊びに行く盛り場は新世界だった。

昭和前期の大阪では、代表的な盛り場は次の四カ所だった。㈠「ミナミ」と俗称された道頓堀・千日前、㈡「キタ」と呼ばれた梅田・曾根崎新地一帯、㈢「天満天神」界隈、㈣そしてわが愛する「新世界」である。

新世界は、明治三十六（一九〇三）年に開催された第五回内国勧業博覧会の跡地に建設された歓楽街だった。その中心が明治四十五（一九一二）年に造られた大遊園地「ルナパーク」で、高さ六十四メートルの通天閣の周りに、大型の映画館が建ち並んだ。

あたり一帯は戦禍で燃えたが、戦後、林芙美子の小説『めし』（一九五一年四月より「朝日新聞」連載）で、「ジャンジャン横丁」の名が全国的に有名になった。他の三カ所の盛り場と比べて、新世界には一種独特な風潮というか雰囲気が漂っていた。それは釜ヶ崎と飛田に隣接しているからであった。あたり一帯は、たしかに猥雑でゴミゴミしているが、なんとなく哀情と解放感があって、今でもそこを歩くと懐かしさが溢れてくる。

「悪所」を構成する三条件

今ではその地名は町名改称で公的には消滅しているが、戦前の大阪では、釜ヶ崎・飛田・西浜という地名には、誰もが一種特別な反応を示した。この地が長い間、強い負性のイメージで語られてきたからである。そういう土地柄だった。

江戸時代から「悪所」と呼ばれていた地域には、三つの特性があった。その第一は色里・遊里であり、第二は芝居町である。江戸時代ではこの二つを合わせて「悪所」と呼んだ。この両所がすぐ近くに併存していて、そこが近代に入って「盛り場」になったケースが多い。

そして第三の特徴は、そのすぐ近くに、そこを旦那場（縄張り）とする被差別民の集落があったことである。この問題は後述するが、遊里を経営する者は「傾城屋《けいせいや》」と呼ばれ、芝居で活躍する役者は「河原者」と呼ばれて、いずれも近世の身分制では周縁の民とされていた。

昭和前期のミナミ概略図

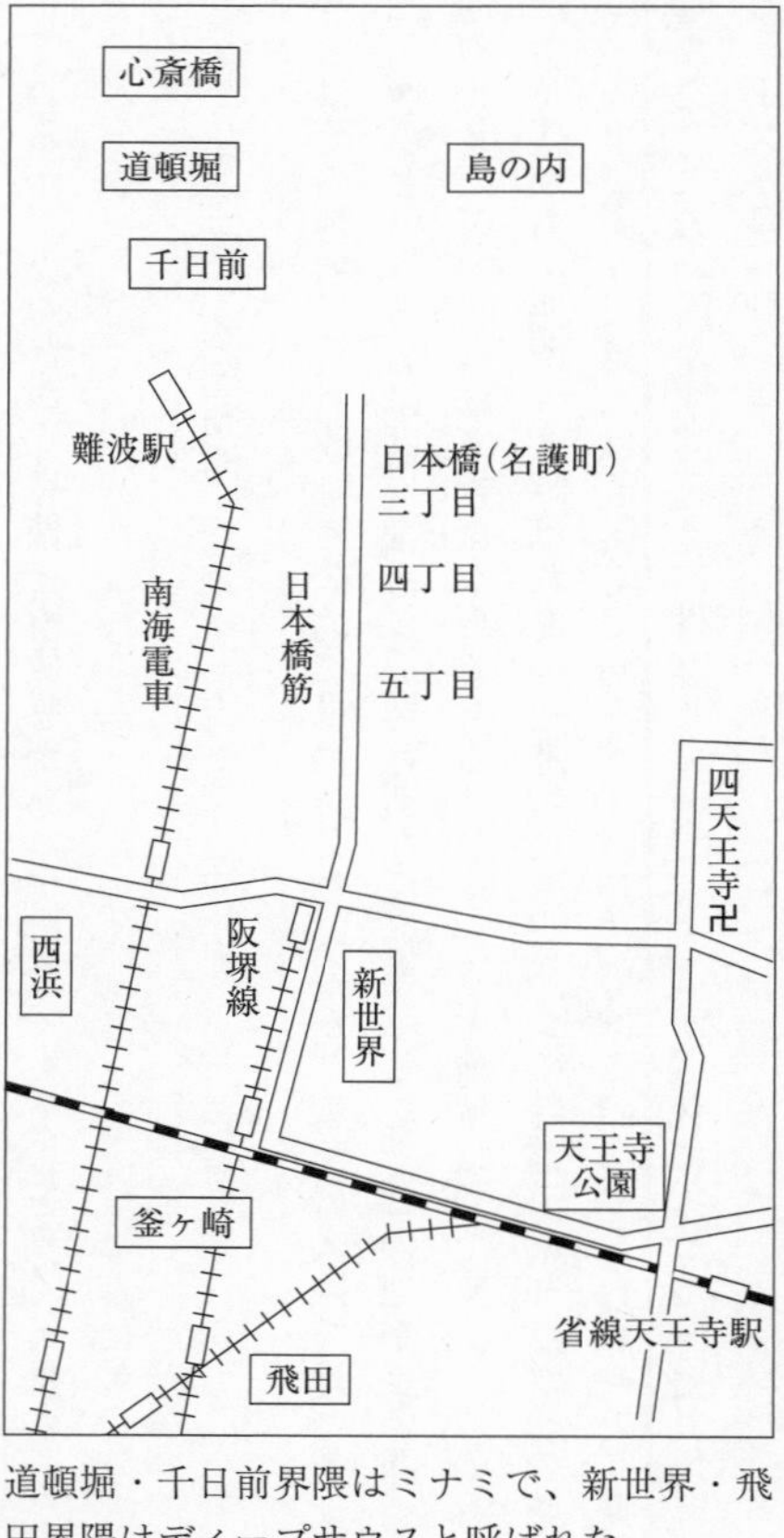

道頓堀・千日前界隈はミナミで、新世界・飛田界隈はディープサウスと呼ばれた

釜ヶ崎・飛田・天王寺、そして西浜の周辺は、この三つの条件が揃っていた典型的な「場」だった。東京で言えば、浅草・吉原・山谷と深川あたりが渾然《こんぜん》一体となったような感じの社会的トポスである。

そういう場で多感な少年期を過ごしたのだが、それがわが心性の形成に大きい影響を及ぼした。大きいというよりも、決定的と言った方がよいだろう。しかしそのことは、わが人生にとって幸運であったと私は考えている。

私はこれまで諸国をさすらいながら特定の生業《なりわい》で生きてきた一所不住の漂泊民を主題にして、いくつかの論述を書いた。乞食体の僧形で諸国を遍歴した「遊行者」、旅回りの一座や大道芸・門付芸で生きた「遊芸民」、海の漂泊民「家船《えぶね》」、山の漂泊民「サンカ」、そして旅から旅への人生を過ごした「香具師《やし》」「世間師」などである。このようなテーマに関心を持つようになったのは、やはり先にみた三つの〈人生の磁場〉が深く作用している。

私は今でも高尚を自称する「貴族趣味」や、もったいぶった「ブルジョア気取り」には違和感を感じる。それはほとんど本能的といってもよい。その逆に、「周縁や辺界」あるいは「底辺や悪所」と呼ばれていたものには、どういうわけか自然にそこへ吸引されていく。体内で先天的な共鳴感が生じるのだ。

2 「盛り場」――非日常的な祝祭空間

魅惑の「盛り場」体験

戦前生まれの世代では、誰もが記憶しているだろうが、幼少年期に心の襞《ひだ》に深く刻み込まれた「盛り場」体験があった。その前夜から浮き浮きと心が弾んで、なかなか寝つかれなかった。朝起きると家中大騒ぎで、とっておきの外出着である一張羅に着替えていそいそと出かける。

人出で賑わっている盛り場は、よそゆきの晴れ着で着飾った人の群れでゴッタ返し、肩と肩が触れあうほどの大変な人混みである。劇場・映画館・寄席・見世物小屋が軒を連ね、その合間に食堂や出店がビッシリと並んでいる。

人の心を浮き立たせようと、流行歌が通りいっぱいに響き渡り、あちこちから呼び込みの声が掛かる。親に連れられた子どもたちは、キョロキョロしながら雑踏をかきわけていく。未知の異界を覗き見るうれしさで、ウキウキしながら歩くのだが、当時の子どもにとって、盛り場に連れて行ってもらうこと自体が一つの事件だった。

戦前では、家族連れで市内の繁華街に出かけるのは祝祭日に限られていた。中間層以下の庶民はみな貧乏暇なしで、それに休日が少なかった。一日十時間は働くので、日曜は疲れ果てていた。子だくさんの家が多く、五、六人いるのが普通だったから、それをみな引き連れて行って、映画でも観て食堂に入ると、かなりの物入りだった。

今日では、誰でもいつでも、気軽に盛り場に出入りしている。勤め人だけではなく、中・高校生でも学校帰りにブラブラ歩きしている。つまり、「地域の居住空間」と「盛り場」との境界線がなくなってしまったのだ。

私の小学生の頃は、未成年の生徒が二、三人の仲間連れで盛り場をうろついていたら、すぐ「不良少年」と目されて、たちまち巡査か教護連盟の教師に誰何《すいか》された。教護教師は非行に走る少年を保護し教育する補導係だった。休日には目を光らせて担当区域を巡回していた。

これが官能の蠢きか

それはともかく、盛り場を歩いたときの、あの心のトキメキは一体何だったのか。一足飛びに非日常の世界に足を踏み入れ、何かに目覚めたような心の蠢《うごめ》きを感じた。

猥雑感があたり一面に漂っていて、しびれるような官能が体の中を走る。「世の中にこんな所もあるのか、これはたまらんな、いずれ取り憑かれるのではないか」という予感がした。その当時は、まだ下町の場末には弁士がしゃべる旧式の活動写真館が残っていたが、活弁流に言えば「悪魔の囁《ささや》き」といったところだろう。その頃の「盛り場」は、まだ江戸時代の「悪所」の面影が残っていて、子どもは近付いてはならぬ背徳の場とされていたのである。

それでは「盛り場」に連れていってもらった子どもたちの切なる願いはかなえられたのか。それが、ほとんど空振りだった。人気者だったボードビリアンが登場する大衆演芸場、数百席もある映画館は、ハレの日はどこも超満員。しかも正月や盆休みは、人出を当て込んで特別番組が組まれていて、有名な劇場は身動きできないほどの入りである。

それで、大仰《おおぎよう》に極彩色で描かれた芝居小屋の絵看板を見上げ、オドロオドロしい異《い》形《ぎよう》を売り物にする見世物小屋の猟奇性に驚き、映画館では麗々しく張り出された人気俳優のスチール写真を眺める。それだけで、まず入場することはなかった。子どもたちは、迷子にならないように親の手でがっしりつかまれて、目を見張りながら引きずられるように歩いていた。

結局はそこらへんのちょっと洒落た洋食屋で「お子様ランチ」か「ハヤシライス」、あるいは出雲屋の「十銭まむし」（まむしは鰻丼《うなどん》の上方での称）を食べて、後ろ髪を引かれる思いで満員の電車に乗って帰るのが関の山だった。

あの盛り場の雑踏と喧騒、そして目眩《くるめ》くような芝居小屋の絵看板、ほんの一瞬引き幕を開けて出し物を見せる見世物小屋――その夜、やっと寝ついても頭に浮かんで消えなかった。しばらくは頭がしびれて日常の回路に戻れなかった。翌日は、祭りの後の侘びしさをしたたかに味わいながら、渋々と学校に行かねばならなかった。

「歓楽極《きわ》まりて哀情多し」――漢武帝の「秋風辞」の一節である。楽しみ尽きて哀《かな》しみ来たるという意味なのだが、ずっと後でこの有名な詩を知ったとき、まず思い出したのは、親に連れられてすごすごと歓楽街をあとにしたその夜の侘びしさだった。

性にまつわる話はタブー

戦前では、「男女七歳にして席を同じゅうせず」という儒教の『礼記《らいき》』の一節が、学校教育の現場でも厳格に守られていた。

小学校でも男女別に組編成がなされ、中学校は男子校と女子校にはっきり分かれていた。近所で見知っている間柄でも、異性に話しかけるチャンスはまずなかった。気安く話ができる女の子は、自分の姉妹か、毎日のように顔を合わせている親しい友人の妹だけだった。

六年生の国語の教科書に、たまたま「彼女」という言葉が出ている一節があった。教室でそのくだりを朗読するとき、みなの声は変にうわずっていた。「性《セックス》」にまつわる話はタブーだった。家庭でも語られることはなく、学校でも全く教えられなかった。

そんな話を聞くと、今どきの小・中学生は驚くだろうが、小学校の高学年でも、男女間の交情はもちろんのこと、なぜ子どもが生まれるのかという人類不滅の原理もよく知らなかった。「純潔」と「貞操」はよく説かれたが、性交そのものについては学校のテキストには一言も出ていなかった。男女間のことに関心を持つこと自体が不道徳とされていたのだ。

風呂屋の番台越しに女湯をのぞき見して、男と女の身体の構造、特に胸のあたりと性器は違うことぐらいは早くから分かっていたが、なぜそうなのかは誰も教えてくれなかった。

私の記憶でも、母親のお腹が大きくなって、まもなく弟か妹が生まれると知ったとき、どうして生まれるのかと訊ねると、「天から白鳥が運んでくるんやで」と母が真顔で言う。本当かなと思いながらも「フーン」と頷くしかなかった。

思春期の蠢動

だが、〈春〉の目覚めは、そういう俗界のしきたりにお構いなく、天が与え賜う生理現象としてやってくる。その年頃にさしかかった少年は誰もが感じていたのだろうが、そんな心の疼《うず》きはみな胸中深く秘めていて、仲の良い友人同士でヒソヒソと話題にするだけだった。

そういう「性」にまつわる蠢動《しゅんどう》がはっきりと頭をもたげてきたのは、中学校に入ってからである。その手ほどきをしてくれたのが、どこの学校でも二、三人はいた番長格の不良少年だった。「童貞」や「処女」の意味を初めて知ったのもその頃であった。

今日では、小学生でもマンガや活字でセックスを知っていて発情期も早い。だが戦前では、セックスにまつわる情報源が限られていたので、性への目覚めもおしなべて奥手《おくて》だった。唯一の方法は、図書館でそれらしいタイトルの文学作品を探し出して恋愛小説を読むことだった。しかし明治近代に入ってからは、官憲による検閲が厳しかったから、男女交情の場面はそれとなくほのめかす隠喩的表現で、露骨な性描写はなかった。

もちろんその当時でも、「悪所」のブラックマーケットでは、ガリ版刷りの「春本」や「春画」が密かに出回っていたのだが、そんな大人の裏世界は知る由もなかった。

今でもよく覚えているのは、図書館で田山花袋の『蒲団』を読んだ時だった。その最終章で、ひそかに恋していた女弟子の芳子に去られて、主人公の作家がその蒲団の残り香を匂《か》ぐあたりは、生唾《なまつば》を呑みながら何回も読んだ。題名に惹かれて室生犀星の『性に眼覚める頃』も手にしてみたが、もうひとつピンとこなかった。

漱石と鷗外は近代日本を代表する二大文豪として小学校でも教わっていたが、その鷗外が『ヰタ・セクスアリス』という作品を書いていることを後で知って驚いた。発禁になったのだが、幼時に浮世絵の春画を見たこと、上京しての学生時代に性欲が昂じて遊廓や待合に出入りした体験談が率直に語られている。

道頓堀と千日前

明治初期の頃、全国でよく知られた「盛り場」は、東京は浅草・吉原、京都は四条河原と祇園、大阪は道頓堀・難波新地だった。この三カ所が、日本を代表する「三都」の名だたる歓楽街だった。

人口の多い三都には、複数の盛り場があった。大東京と呼ばれただけあって、深

千日前楽天地（大正期の絵葉書）

川・新宿・両国・品川あたりも浅草に次ぐ盛り場として賑わった。大阪は北の新地・天満・天王寺、それに新しい興行街として千日前と新世界ができていた。名古屋は大須、京都は祇園に近い新京極、神戸は新開地だ。地方都市でも、規模に大小はあったが必ず盛り場があった。

これらの土地は、歴史を繙《ひもと》いてみればすぐ分かるが、その多くが近世では「悪所」と呼ばれた地域だった。

私がよく親に連れられて行った盛り場は道頓堀と千日前だった。慶安五（一六五二）年に設立された「中の芝居」（中座）、「角の芝居」（角座）をはじめ、近世の道頓堀の表通りには、浪速五座と呼ばれた歌舞伎の芝居小屋がひと昔前まで軒を並べ、向かい側に立派な芝居茶屋がズラリとあった。

そのような伝統的な興行街は、私が連れて行ってもらった頃には、大きく様変わりしていた。五座の中でも、弁天座や朝日座は映画館になっていた。客が減って立ち行かなくなった芝居茶屋の跡地は、立派なカフェや食堂になっていて、宵闇迫る頃になると、「赤い灯、青い灯」のネオンサインが仕掛け花火のように輝き、川面がキラキラ光っていた。

しかしそんな道頓堀の変貌も、子どもには縁がなかった。子どもたちの目当ては映画館か見世物小屋だった。父に連れられて寄席にも二、三度入ったことがあったが、「大人の笑い」が理解できない子どもには退屈だった。昭和十年代の初めは、大衆芸能では漫才と浪花節が最盛期にさしかかる頃で、大変な人気だった。

墓場・刑場が開発されて盛り場に

千日前は維新後にできた新しい興行街で、もとは火葬場と刑場のあった大きい墓地だった。大坂の南の境界的な場で、そこが香具師と葬儀屋の親方によって維新後に開発され、安物の寄席や見世物小屋が建てられた。

だが、一九一二（明治四十五）年に難波新地の遊廓から出火した「ミナミの大火」

で、千日前一帯は焼き尽くされた。全面的な再建計画が実施され、私の子ども時代では明治期の景観は一新されていた。薄墨の絵のような記憶しか残っていないが、立派な映画館が多く、道頓堀よりもスマートな町だった。総合レジャーセンターだった楽天地はすでに姿を消していて、立派なビルの新歌舞伎座に建て替えられていた。

昭和前期の三〇年代初期の状況は、次のように描写されている。「大阪の盛り場として最高の千日前は、鬼哭啾々《きこくしゅうしゅう》たる墓場より開発されて、千種万躰の興行物が展開し、進化されて今日ある殷賑《いんしん》を極め、尖端を行く歓楽郷に達して来たのである」。（南木芳太郎「千日前の今昔」『上方』第十号、一九三一年）

このように千日前は、道頓堀よりも一段とモダンな、時代の最先端をいく「盛り場」だった。それでもちょっと外れた空き地には、仮設の見世物小屋があって、裏通りに入ると、露天商やウマイモンの屋台が並んでいた。道頓堀よりも千日前の方が若者に人気があり、正月と盆の「藪入り」の日は、一日だけ暇をもらった奉公人でごった返していた。

このように戦前の「盛り場」は、非日常的な祝祭的空間の面影がまだ色濃く残っていた。大人になったら惑溺《わくでき》しそうな「場《トポス》」であることは、子どもの感覚でも分かった。まだ色気も自覚していなかったのだが、背徳的というか、蠱惑《こわく》の臭いを本能的に嗅ぎつけていたのである。蠱惑とは、淫《みだ》らで放縦で「人の心を惹きつけて惑わす」ことである。もちろんそんなコトバがあることは全く知らなかったが、当時の流行語で言えば〈エロ・グロ・ナンセンス〉が醸《かも》し出す臭いである。

しかしエロチックでグロテスクと言えば、大阪市南部に移住してからよく行くようになった新世界が一枚上だった。ちょっと裏通りに入ると、怪しげで得体の知れぬ胡《う》散《さん》臭さが、どこからともなく発散していたのだが、それがまた言い知れぬ魅力だった。

3　周縁的な「場」で暮らす

長屋での生活

一九二九年の大恐慌をきっかけとした大不況で、父がリストラされて会社勤めをやめた。その日暮らしとなり家賃も払えなくなって、釜ヶ崎近くの長屋街に引っ越した。紀州街道に面した路地の奥にある玉突屋、その二階の八畳一間を間借りして、家族五人で暮らした。左隣は仏壇屋を兼ねた葬儀屋で、右隣は小さな洋食屋だった。そこ

遊廓の名残をとどめる飛田（2005 年　撮影・荒川健一）

のコックさんが東海林《しょうじ》太郎の大ファンで、朝から晩まで当時ヒットした「国境の町」のレコードを大音響で流していたので、そのメロディは今でも耳に残っている。

その日から日常的環境が一変した。住んでいた天下茶屋から北に五分も歩けば釜ヶ崎の目抜き通りで、四つ角に今池劇場があった。その角を右折すれば、裏通りに木賃宿が多い萩ノ茶屋通りだった。左折すればすぐチンチン電車の今池駅だった。駅のガード下をくぐって、二百メートルも歩けば飛田遊廓の大門《おおもん》だった。難波新地にあった遊廓が火災で焼失して、大正初期に飛田に移転してきたのである。

もちろんその頃は、遊廓については何も知らなかった。近くを通るのは昼間に限られていたから、夜の賑わいは見たことがなかった。二階建ての立派な構えの家がズラリと並び、玄関先はきれいに打ち水がしてあって、昼間は人通りもまばらで変に静まりかえっていた。子ども心に異様な所だなと感じたのは、二百軒もあるその一郭の外側が、電車道沿いにずっと十五メートルほどの高いコンクリートの壁で囲われていたことである。

遊廓の正門である大門のすぐ手前の四つ角に、いつも立派なヒゲをはやした年老いた占い師がいた。いつか母親と歩いているときに手相を観てもらったが、「大器晩成ですな。若い時は苦労するかもしれんが、年をとればとるほど良くなる」と占ってもらった。

今池劇場のすぐ前にホルモン焼き屋があった。ホルモンという言葉が世間に流通するようになったのは第二次大戦後である。おそらく昭和初期では、牛の臓物を食べさせたのはこの釜ヶ崎界隈だけだろう。近くに屠場があったから、新鮮なホルモンが手に入ったのだ。レバーの焼いたのがウリだったが、なかなかうまかった。炭火焼の煙が立ちこめる狭い店内に入ると、「倶利迦羅《くりから》紋紋《もんもん》」（いれずみ）をしたおっちゃんたちで一杯だった。

西鶴の『日本永代蔵』にみる渡辺村

ところで「西浜」は、先にみたように皮革の集散地・太鼓の名産地として、近世では「渡辺村」の名でよく知られていた。その地に伝わる『役人村由来書』によれば、村の起源は天正年間まで遡る。戦国時代末まで天満川端の渡辺津《わたなべのつ》のそばにあったが、その後四回も移転して、元禄年間に木津川のほとりの湿地帯に定住した。皮革を生業としているという居住環境、それにまつわる穢《けが》れ意識によって、町域から排除されていったのだが、あちこちから流れ込んできた人口の増大も移転の理由の一つだった。

渡辺村は、西鶴の『日本永代蔵』にも出てくる。太鼓の生産は質量ともに日本一で、大名に金を貸したという大尽もいた。生活のための生業とは別に、警固・追捕・刑吏などの役務が、身分制社会に特有の賤民の役務として課せられた。それゆえに「役人村」とも呼ばれた。

そして渡辺村は、河原者芸能としての歌舞伎をはじめ、人形浄瑠璃・説経芝居・見世物など、道頓堀界隈の興行権とも関わっていた。市中の露天行商を取り締まる旦那場権や、享保九（一七二四）年の大坂大火の際に消火に功あったので火消し役も担わされたが、その代償として肥料になる小便担桶《たごおけ》の集荷権を持っていた。いろんな意味で近世の「穢多」村の社会的な性格がはっきりと刻印されている代表的な都市部落だった。（以下、部落はすべて被差別部落をさす）

近世末期の頃で人口は約五千人と推定されているが、一八七一（明治四）年に賤民解放令が公布されて「穢多」「非人」の身分制が廃止された。移動の自由が認められると、各地方から職を求めて西浜に移住してくる者が急増した。人情のあつい街であったから、ここにやってくるとなんとかその日のメシにはありつくことができた。

西浜には芸人もかなり住んでいた。「西浜町饑《き》寒窟《かんくつ》」という見出しのルポでは、「種々なる遊芸即《すなわ》ち新内浄瑠璃、祭文《さいもん》、チョンガレ、物まね、落語等をなしてその日その日を送る者あり、その数百有余名の多きに及べり」とある。（『大阪毎日新聞』付録、「大阪に於ける下等労働者の状況」一八九四年四月五日）

また西浜の中心街である中通には錦亭という寄席があった。千日前の法善寺金沢亭に毎夜出演する芸人の面々、その連中が表看板に七、八枚も掲げられていて、大変賑わったとある。（『大阪毎日新聞』「昨今の貧民窟㈢」一九一二年六月二十六日）

今も残る「悪所」の雰囲気

大阪の千日前は、香具師と葬儀屋の親方によって新歓楽街として造成されたことは

新世界の浪速クラブ（2005年　撮影・荒川健一）

先に述べた。京都の新京極の開発でも、香具師の親分だった阪東文治郎の力によって芸人・業者が呼び寄せられた。維新後の浅草の六区を中心とした再開発も、町火消の出で侠客の世界の顔役だった新門辰五郎の傘下にあった香具師が関わっている。

　このようにみてくると、明治維新後に新しい「盛り場」を造成する際に、興行界に根を張っていた親分衆が大きい力を発揮したことがよく分かる。新開地の開発・興行者の誘致・場所割り・場所代の徴収・警固体制の整備などは、彼らの得意とする仕事だった。[*1]

　先にみたように、子どもの頃によく行った盛り場は、道頓堀と千日前で、中学・高校時代では新世界だった。ジャンジャン横丁を起点にして新世界は、飛田新地と目と鼻の近さである。戦前は数百の遊女屋が軒を並べ、浅草の吉原に比肩する日本有数の遊里として知られていたが、空襲で焼け残った一郭だけはまだ戦前の風情をそのまま残している。

その歴史の根っこを掘ると近世の「悪所」と通底している。そして、そのいずれもが江戸期の「非人」集落の近くにあった。大坂の「非人」集団は、大坂市中三郷の周辺に配置されていた。それは、天王寺・鳶田（飛田）・道頓堀・天満の四カ所で「四カ所の垣外《かいと》」と呼ばれていた。そこを基点にして江戸期の「悪所」が形成されたのだ。新世界から飛田にかけての界隈はよく訪れるが、ちょっと裏通りに入れば、薄暗くて狭い路地に昔の棟割長屋がそのまま残っている。

ジャンジャン横丁に近い細い路地にあって、西洋映画の三番館だった新世界座も、名は変わったが昔のままだ。「巴里の屋根の下」「外人部隊」「女だけの都」「モロッコ」など、往年の名画を格安料金で観たのもこの場末の小さな映画館だった。

戦後の第一次漫才ブームの牽引車となった「ダイマル・ラケット」、第二次ブームを巻き起こした「やすし・きよし」のコンビがよく出ていた新世界花月は、今はもうない。

それでもドサ回り一座が活躍した戦前の雰囲気をそのまま残している大衆演劇の小屋が、この界隈にまだ三軒ある。江戸時代の芝居小屋を偲ばせる日本一の低料金で知られる浪速クラブ、小沢昭一が四十年も前にルポしたトビタOS劇場——これらの小屋もまだそのままの姿で健在で、私もちょいちょい覗いてみる。（『私は河原乞食・考』三一書房、一九六九年）

この新世界から飛田にかけての一帯が、おそらく現代日本の盛り場で、近世的な「悪所」の面影を残している唯一最後の場所であろう。

歌舞伎に出てくる「長町裏」

さて、私が住んでいた紀州街道をずっと北上すると、今の恵美須町の西で堺筋に接続する。近世では、この街道が、大川（淀川）の浜に上陸してから、大坂市中を通って堺港に至る最も重要な道路だった。秀吉や家康もみなこの道を何回か往復している。

この堺筋と道頓堀川が交わる所が日本橋《にっぽんばし》で、そこから南が「長町《ながまち》（名護町）」一九町と呼ばれていた。寛政年間に長町一丁目から五丁目までが日本橋通りと改称されたが、六丁目から九丁目までは長町の名が残された。船着き場だった日本橋の両詰には近世の時代から旅籠《はたご》が多く、十返舎一九の『東海道中膝栗毛』の弥次さん・喜多さんもここに泊まっている。

　ところが「長町裏」と俗称された長町の裏通りは、貧しい行商人や遊芸民のための木賃宿が密集し、その周辺に、地方から職を求めてやってきた下層民の貧民街がしだいにできていった。あとでみるように、長町裏が全国的に知られるようになったのは歌舞伎の『夏祭浪花鑑《なつまつりなにわかがみ》』である。当時の裏長屋の状況は、『守貞謾稿』（岩波文庫版『近世風俗志』）で活写されている。

　一九〇三（明治三十六）年に、今宮・天王寺近辺を会場に第五回内国勧業博覧会が開催された。その際に会場への最も重要な道路である日本橋筋を拡幅するために、この長町裏一帯の再開発《クリアランス》が計画された。

　そして「電車と警察とに追払われた日本橋筋の最下級民と無頼の徒とが落ち延びた先は旧関西線の鉄橋を潜った住吉街道」のあたりだった。（『大阪朝日新聞』一九一一年十月十七日）この住吉街道とは紀州街道の別称であり、彼らが「追払われた先」は、釜ヶ崎と俗称される一帯であった。[*2]

　そういう前史があって、今日では「カマ」と俗称されている釜ヶ崎の「寄せ場」が成立したのだが、戦後も一九五〇年代後半に入る頃には、かつて木賃宿にたむろしていた遊行者・遊芸民の姿は見えなくなった。

いわゆる「色物」の芸や「流し」の芸で生きてきた漂泊の芸人たちも、戦後復興の波に乗ってあちこちに小劇場ができて、ラジオも民間放送が始まると、なんとか人並みに暮らしていける時代がやってきた。その人たちが住み着いた長屋街が「天王寺村」と呼ばれたのであった。

＊1　香具師と興行については、近刊の『遊芸人の民俗誌』（『旅芸人のいた風景』文春新書として刊行。編集部注）でまとめて論じるので、ここでは立ち入らない。明治初期にかけての盛り場の形成史については、守屋毅『近世芸能興行史の研究』（弘文堂、一九八五年）が開拓者的労作である。

＊2　なお明治期から大正期にかけての「長町裏」については、『大阪の部落史』第四巻（史料編近代I、部落解放・人権研究所、二〇〇二年）に基本的な史料が数多く収録されている。加藤政洋『大阪のスラムと盛り場』（創元社、二〇〇二年）の第六章では、飛田遊廓の設置過程が詳しく論究されている。

第二章
「悪所」は「盛り場」の源流

佐渡・相川の水金《みずかね》遊廓・大黒屋（大正期末　相川郷土博物館）

1 「盛り場」の始原は遊里と芝居町

「盛り場」と「悪所」

江戸期では「栄り場」とも表記されているが、「盛り場」の原義は、人出で賑わう繁華街だった。官許の遊廓のある色町と歌舞伎の小屋が並ぶ芝居町を中心に形成されていったのだが、それ以外に、当時では集客力のある「場」はなかった。

近世の城下町・門前町・港町、そして主要な街道筋の宿場を基盤にして、明治維新後に近代都市が形成されていった。人口二、三万以上の都市ならどこでも「盛り場」があった。数千人程度の人口でも、港町と宿場町には、規模は小さいが必ず盛り場があった。

今日の大都市の「盛り場」の源流は、近世の初期の頃まで遡ることができる。浅草・新宿・品川・深川など、大東京の盛り場の大半は、近世の「悪所」を核として形成された。先章でみたように、大阪も京都もほぼ同じだった。東京の銀座のように、維新後の都市設計に基づいて新しく造成された繁華街もあるが、これは例外と言えよう。

明治・大正期の都市の「盛り場」は、芝居小屋などの劇場街が中心になって、その近くに三業地（料理屋・芸者屋・待合茶屋）がある場合が多かった。

昭和期に入ると、かなり構図が違ってくる。「盛り場」と言えば、電車のターミナルを中心に、デパートなどのショッピングセンターがあって、レストラン・喫茶店などのモダンな飲食店が軒を連ねている。そこに点々と大小の劇場がある、そういう都市景観だった。（南博編『近代庶民生活誌2』三一書房、一九八四年。橋爪紳也『モダン都市の誕生』吉川弘文館、二〇〇三年）

現代的な「盛り場」の定型ができあがっていったのは、一九一〇年代の頃である。各都市で郊外と都心を結ぶ私鉄が発達し、市電・バスによる市内交通のネットワークが形成されていった。周辺の各地から遊客が繰り出してくるので、その周辺に繁華街ができていった。

「遊里」と「芝居町」がセットに

どこの都市でも、「盛り場」形成の端緒となったのは「遊里」だった。次いで近くに芝居小屋が建てられ、それが二軒、三軒と増えていくと「芝居町」となった。人出で賑わうにつれて、その周りに茶屋などの飲食店や小商いの出店、さらには見世物小屋などが並び始めて、盛り場の原型ができあがっていった。

近世の遊里は、その当時の「赤線」「青線」地帯である。戦後よく用いられた「赤線」という言葉は、そこが警察の地図に赤い線で表示されていたことに由来する。公的には特殊飲食店と呼ばれていたが、要するに官許の「遊廓」だった。

その来歴をたどると、古い由緒のある廓《くるわ》が多い。今から約三百三十年前の延宝六（一六七八）年に成った藤本箕山《きざん》の『色道大鏡』（全十八巻）は、当時の遊里についての最初の百科全書的な大作である。あとで再論するが、その十二、十三巻は実地調査した「遊廓」の探訪記である。

東は佐渡の鮎川（相川）・小木から、越前の三国・敦賀、さらに西は長崎の丸山から薩摩国の山鹿野まで、二十五の遊里が記されている。精粗さまざまなので、実際には探訪していない所もあったようだが、よく知られた遊廓については詳細に述べられている。

その中には大和《やまと》国の新屋敷のように、その当時すでに絶えている所もあった。だがその大半は、近代に入っても著名な「色町」として知られていた。しかし今では、これらの在所を訪ねても、かつての遊里の風情はほとんど消滅してしまった。まだ戦前の遊廓のたたずまいが残っているのは、佐渡や瀬戸内の島々などごく僅かである。一九五七年に売春防止法が施行された。それまで全国の都市はもちろんのこと、ちょっとした門前町や港町には必ず官許の赤線があり、その周りに青線ができていた。「青線」は、赤線の周辺に自然発生的にできた場合が多かったのだが、江戸時代では「岡場所」と呼ばれていた私娼街だった。例えば江戸府内では、近世後期には品川・深川・新宿・板橋・千住などが有名で、二百ほどの岡場所があって、最盛期には数千の私娼がいたとされる。

「帝都」東京の都市設計と盛り場

維新後の都市計画に基づいて新しく造成された盛り場もある。その数はあまり多くないが、その代表例が東京の銀座だ。銀座は、近世の「悪所」とは全く関係がなかった。幕府の銀貨鋳造所がその名の起こりで、慶長十七（一六一二）年に、幕府が駿府からこの地に銀座を移したのが起源である。隣接する日本橋に金座があったので、当時の流通経済の中心地となった。

しかし厳密に言えば、銀座は高級商店街であって、浅草のように色物の小屋が軒を並べている盛り場ではない。そもそも「遊里」「色町」がなくては盛り場としては十分条件が整っていないのだが、近代的「帝都」建設の建前から、悪所的要素を排除して繁華街が造られた。

一八七二(明治五)年、東京の中心駅として新橋駅が開設された。その新橋を起点に、銀座を通って京橋から日本橋に至る旧東海道筋が文明開化のシンボル的な通りとして整備されていった。煉瓦街にガス灯がともり、柳が植えられ、馬車鉄道が走り、立派な専門店・デパート・カフェ・レストランが出店するようになった。

数寄屋橋・有楽町界隈に興行街が形成されたが、これはずっと後になってからであって、それも帝国劇場・有楽座・東京宝塚劇場・日本劇場に代表されるように、当時としては超高級な劇場・映画館だった。銀座の一等地では、講談・落語の寄席はお呼びではなく、ましてや浪花節・漫才・曲芸などの色物芸や猥雑な見世物小屋が店を張る場ではなかった。

一九一四(大正三)年に東京駅が開業すると、その周辺に丸の内のオフィス街、霞ヶ関の官庁街が計画的に配置され、銀座・丸の内・霞ヶ関が近代日本を代表する都心として整備された。このように近世悪所風の色彩を排除しながら都心部に盛り場が造られていった。

各地方の自治体は、新政府の文明開化路線に沿って、近代的な都市の体裁を急いで整えねばならなかった。周辺の農村地域からの人口流入を見込んで新しい都市設計がなされたが、その際に〈官〉の頭を悩ませたのは近世からの「悪所」の処置であった。

遊女がたむろする「色町」、小屋のある「芝居町」――これらの「悪所」を官憲の手で一掃することはできる。だが、その代わりに、大衆の遊楽の場である「盛り場」を、どこに、どうやって設けていけばよいのか。そういう新しい課題が浮上してくることは目に見えていた。

この問題は、一筋縄ではいかぬ難問だった。新国家が掲げる文明開化にふさわしい盛り場とは、一体どんな歓楽街なのか。古い「色町」と「芝居町」を潰したとしても、その代わりになる健全な盛り場のデザインをどのように描けばよいのか。当時の新官僚は頭を悩ました。

日ごろはあくせく働き、たまの休みに余暇を楽しみたい民衆の欲望を充たす歓楽街は、どうしても必要だった。だが、いろいろ考えてみても、集客力があるのは「色町」「芝居町」と、その周りにできる商店街と食堂街だった。

もう一つの難題は財政だった。新しい都市計画に基づいて一から造り直すには、相当の資本投下とノウハウが必要だった。結局は近世からの「悪所」を基盤にして新しい盛り場を発展させ、それを〈官〉の手でコントロールしていく以外に方法がなかった。

商都・大阪の「遊所の制限」政策

それでは、「帝都」東京に次ぐ大都市だった「商都」大阪はどうか。「キタ」と俗称されていた梅田・曾根崎界隈と、「ミナミ」と呼ばれていた道頓堀・千日前、それに続く天満天神裏、天王寺・新世界――この四つの盛り場の形成史をみてみると、いずれも近世の「悪所」がその起源だった。

大阪府もモダンな都市計画を目指したのだが、盛り場については近世からの「悪所」を基盤にして、それを新しくレイアウトする外に方法はなかった。

大阪府が明治四（一八七二）年三月に出した「遊所の制限」に関わる府令は、その間の事情を物語る興味深い資料である。（『大阪府布令集一』所収、大阪府）

花街ヲ設ケ、妓娼ヲ聚《あつ》メ、人ヲ遊蕩婬情ニ導キ、家ヲ破リ、身ヲ害シ、従来無量ノ患苦ヲ受シムル事、文明之世ニ当《あたり》テ禁スヘキ、論ヲ待タス。（中略）

大坂ハ商人並遊蕩客之輻湊《ふくそう》ノ地ニテ、道ヲ講スル者少ク、花街日ヲ追テ盛ニシテ、今日ニ至テ幾街ノ多キニ及ヘリ。風俗ヲ害シ、人事ニ妨ケアル事、此《これ》ヨリ甚シキハナシ。然レトモ花街ノ者如此《かくのごとき》悪業トハシラス、今日マテ生業トナシ、数千軒ノ生活ニカカハル事ナレハ、一朝禁スヘキコトモ難シ。サレハトテ此儘《このまま》ニナシ置《おく》ヘキニアラス。今般《こんぱん》厚ク詮議ヲ加ヘ、漸々商業ヲカヘ、花街ノ戸数ヲ減シ、遂ニ両三ヶ所ニ集メ、遊蕩婬情ノ習ヲ制シ、風俗ヲ善クスル基ヲ起シ（中略）、数年ヲ出スシテ万民ヲ健康長生セシムルノ一助トナサントス。

この府令では、行政の苦しい胸の内を率直に述べている。花街は「風俗ヲ害シ、人事ニ妨ケアル」「悪業」であると指摘する。人事を妨げるとは、夫婦関係などの人倫を乱すという意味だろう。それを承知しながら、なんとか旧来の花街を統合して整理し、「遊蕩淫情ノ習ヲ制シ」て、「風俗ヲ善クスル」方向で都市計画の中に組み込むというのである。

遊女町と芝居町には三百余年に及ぶ伝統があり、運営のシステムやしきたりも、一朝一夕で改変することはむつかしかった。そして、その「悪所」を取り仕切っている〈裏の世界〉があることもよく知られていた。各地方の実権を握った新官僚にしても、結局はこの裏の世界の実力者を頼りに、「悪所」の再生を目指す以外に打つ手はなかった。

2 芝居町の核となった遊女歌舞伎

悪所論の鍵となる「遊女」

今日では定かには見えなくなっているが、江戸期の「盛り場」の源流は近世初期からの「遊里」だった。そして、「芝居町」成立のきっかけとなったのも「遊女歌舞伎」だった。

発生史的にみれば、先行したのは「遊里」だった。遊里と芝居町は表裏一体の関係にあったが、その「芝居町」は、次節でみるように、〈遊女歌舞伎→若衆歌舞伎→野郎歌舞伎〉という三つの階梯をたどって発展していった。

「遊女歌舞伎」は慶長年間（一五九六～一六一五）から始まり、元和元（一六一五）年から寛永六（一六二九）年の頃に全国的に大流行した。遊女と歌舞伎は、その始源からしても切っても切れぬ縁があった。

このようにみてくると、「悪所」の民俗誌をひもとく鍵《キー》は、実は「遊女」にあることが分かってくる。

ところで近世の「遊廓」論を展開する際には、どうしてもその源流となった中世の「遊里」まで遡らなければならない。『万葉集』に出てくる「遊行女婦《あそびめ》」をはじめ、平安期に書かれた大江匡房《おおえのまさふさ》の『遊女記』『傀儡子記《かいらいしのき》』なども、「悪所」論の視圏に入れて論じなければならない。傀儡女《くぐつめ》や白拍子と呼ばれた中世の遊女の原像を抜きにして、近世の遊女論を展開することはできないのだ。

とりあえず指摘しておけば、㈠中世の遊女が身に帯びていた「性愛をめぐる〈聖〉性」の問題。㈡卑賤の出自とされていた遊女が、なぜ法皇や貴族に愛されたのか。㈢その遊女が後世になると、なぜ「廓」に隔離されて女郎・娼婦・売女《ばいた》と呼ばれるようになったのか――それらの問題については、かなり原論的な究明を必要とする。

そのような重要な問題群については、第三章でまとめて論じることにして、この章ではまず遊女歌舞伎に端を発した「芝居町」についてざっとみておくことにする。

近世を代表する三大芸能

近世前期を代表する三大芸能は、「歌舞伎」「人形浄瑠璃」「説経芝居」だった。さらにその大きい裾野を形成していたのが、中世の雑《ぞう》芸能を源流とする門付芸と大道芸だった。

ところで西洋社会の音楽・絵画・演劇は、いずれも王侯貴族がパトロンとなった宮廷文化を中心に発展した。

それとは全く反対に、近世の三大芸能は、すべて中世後期に胚胎《はいたい》した賤民文化の系譜を引くものであった。「河原者」「河原乞食」とさげすまれながら、度重なる幕藩権力の弾圧にもかかわらず、世界の芸能史上でも高く評価されている新しい舞台構造と演技様式を創造していった。

今日では「歌舞伎」と「人形浄瑠璃」は、日本を代表する伝統文化としてそれぞれ国立劇場が設置されている。だが、室町期からの口承文芸だった説経節を源流とする「説経芝居」は、残念ながら近世中期に衰退していった。近世後期に入ると、都市での人形浄瑠璃の小屋も減少していった。

歌舞伎だけが大きく根を張り、芝居興行は民衆の文化風俗に大きい影響を及ぼすようになった。近世の役者評判記は数多く残されていて、『歌舞伎評判記集成』全十一巻（岩波書店、一九七二〜七七年）としてまとめられている。それを読めばよく分かるが、大当たりした芝居興行は同時代の評判をさらった。

文化年間に武陽隠士の名で出された『世事見聞録』（原田伴彦ほか編『日本庶民生活史料集成8』三一書房、一九六九年）では、「今の芝居は世の中の物真似をするに非ず、芝居が本《もと》となりて、世の中が芝居の真似をするやうになれり」とある。

この本の実作者は不明だが、近世後期の幕藩体制の内実を批判し、下層社会の状況を活写した書として知られている。「世の中が芝居の真似をするようになった」とあるように、人気の高い役者の芸は、庶民の衣装・髪型・装身具をはじめ、日常の立ち居振る舞いに至るまで、時代の流行風俗に絶大な影響を及ぼした。

民衆の情念を表現した歌舞伎芝居

近世の民衆芸能は、「祭祀儀礼」「民間信仰」「大衆娯楽」「創造的芸術」という四つの要素が絡みあった複雑な過程をたどって推移していった。そして歌舞伎に代表されるように、近世も元禄時代に入ると、日本の民衆文化の原質を象徴する総合舞台芸能へと発展していった。世界の芸能史でも稀にみる様式美と大仕掛けを誇る舞台装置を構築したのであった。

その発生起源からみても、この三大芸能は、本来的に〈反体制〉的な要素を内部に潜めていたのであって、〈上層文化〉に対する〈下層文化〉、〈中心文化〉に対する

〈周縁文化〉の性格をはっきり示していた。

オモテ舞台に華々しく登場した歌舞伎や人形芝居だけに目を奪われ勝ちだが、賤民層に担われた数十種にのぼる雑芸能が、室町時代から門付芸・大道芸として演じられていたのであった。それが広大な裾野を形成して、三都で開花した歌舞伎の培養基になっていた。

短くまとめて言えば、「歌舞伎」の特質は、次のような先行芸能を母胎としていた。㈠その舞台構造は「能・狂言」を、㈡物語の要素は中世から巷間に知れ渡った「軍記物」と「説経節」を、㈢踊りの基本は慶長年間の女歌舞伎の「踊り」を、㈣アクロバット的なパフォーマンスは「放下師《ほうか》」のサーカス的妙技を、それぞれ母胎としていた。

初春の季節に、門毎に祝福芸を演じて回った「万歳」や「鳥追い」も歌舞伎の舞台によく出てくるが、民衆芸能のいろんな要素を包含しながら、新時代を代表する総合芸術として開花し、一世を風靡する大型のショービジネスに育っていったのである。

当初の「芝居町」は、権力の手によって都市空間の中で俗界から隔てられた「場」として成立した。だが幕府の思惑とは違って、その「場」がしだいに、新しい文化の発信地、広汎な情報流通の基地、そして体制的秩序を突き崩していく混沌の場へと転化していったのである。

3　反骨の美意識を表現した「かぶき者」

近世の幕開け・「阿国歌舞伎」の登場

ここで近世初頭に話を戻して、芝居町の成立過程をごく簡単にたどってみよう。その前史として十五世紀後半の頃からの「女猿楽」「女曲舞《くせまい》」「女房狂言」などが挙げられる。これらの芸能は、もともと男が演じたのだが、それを真似ながら、女性の官能的な美を売り物にしようとする座が現れた。女芸能者は「面《おもて》」の着用を許されなかったから、観客はその素顔とはじけるような若い肉体をじかに見ることができた。

そのような中から、天正末から慶長初年にかけて、加賀国や出雲国の出身と名乗る「ややこ踊」の座が出てきた。そして慶長八（一六〇三）年、京の北野神社境内での「阿国《おくに》歌舞伎」が評判になって「かぶき踊」と呼ばれるようになった。「かぶき者」に扮した女性がきらびやかな衣装で登場する「茶屋遊びのまね」が、とりわけ大人気となった演目だった。

このあたりの女歌舞伎の形成史については、信頼できる史料や画証も少ないので、その実態を明らかにすることはむつかしい。(数多くの論究が発表されているが、最近のまとまった研究としては服部幸雄『江戸歌舞伎文化論』平凡社、二〇〇三年を挙げておく。)

簡単にまとめて言えば、㈠「ややこ踊」の前史時代、㈡阿国歌舞伎の登場、㈢それを真似て諸国を巡業した小規模の座、㈣傾城屋《けいせいや》が仕組んだ遊女たちの大がかりな張見《はりみ》世《せ》ショー——この四階梯を経て発展したのだが、「遊女歌舞伎」で評判を取ったのは、この第四の遊女をスターに仕立てた総踊りである。

最初は念仏踊という触れ込みの一座もあったが、しだいにその芸も新時代に即応して洗練されていった。当時の最新のファッションだった南蛮風の衣装で、黄金の十字架、水晶の数珠を付け、黄金造りの太刀を腰にさして、粋がった「かぶき者」の茶屋通いの姿を演じる者も現れた。そして、当時としてはアップ・テンポのリズムで舞台狭しと踊り回った。

「女かぶき」と十字架の首飾り

ここでもうひとりのキーマンが登場する。出雲阿国の愛人とされ、共に歌舞伎を始めたという有名な巷説を残した名古屋山三郎《さんざぶろう》である。

山三郎は実在の人物だった。秀吉が最も信頼していた蒲生氏郷《がもううじさと》の小姓として奥州攻めで一番槍の手柄をたて、武勇にすぐれた美男子として小唄にもうたわれた。氏郷の没後、美作《みまさか》の森家に仕えていたが、慶長八（一六〇三）年に同僚と刃傷事件を起こして殺された。遊芸にも通じた伊達男で、その悲運な最期は「かぶき者」の理想とされた。

左に掲げた「歌舞伎図巻」にみられるように、この踊り手は十字架の首飾りをしている。これが本物の阿国なのかどうかも分からない。その由来についてはいろいろ論じられているが、もし阿国が山三郎から踊りを教わったとするならば、この十字架も山三郎から伝わったとする見方も成り立つ。なぜなら蒲生氏郷は高山右近と共に最も熱心なキリシタン大名であり、その

十字架の首飾りをつけた阿国（「歌舞伎図巻」）

側近だった山三郎が入信していた可能性はきわめて高いからである。
しかし阿国と山三郎との縁は、たんなる巷談にすぎないとする説に従えば、この解釈は成り立たない。慶長年間（一五九六〜一六一五）には数十万の信徒がいて教会劇が各地で催されていたから、それを見ていた踊り手が最新のファッションとして取り入れたと考えることもできるが、それを実証する史料は残されていない。この問題については小宮豊隆の「十字架の頸飾」（『能と歌舞伎』岩波書店、一九三五年所収）をはじめ多くの論考があるが、服部幸雄の「歌舞伎成立とキリシタンの時代」（前掲書所収）に手際よくまとめられている。

一言私見を述べておくが、阿国を真似た女歌舞伎の座が各地を巡業していたとみられるから、その中に信者になった踊り子がいた可能性は残されている。なぜなら別稿で論じたようにイエズス会の教線は、当時の下層社会に深く入っていて、卑賤視されていた遊芸民の間にも広がっていたからである。目の不自由な琵琶法師ロレンソ了西や遊芸民トビアスの活躍によって、多くの下層民が入信したことは教会史に記録されている。（沖浦「戦国期キリシタンの渡来と「救癩」運動」、『ハンセン病——排除・差別・隔離の歴史』岩波書店、二〇〇一年所収）

体制からの「はみ出し者」

名古屋山三郎は当代を代表する「かぶき者」として語り伝えられていたが、「かぶき者」とは、そもそもどういう者を指したのか。

「かぶく」は「傾く」(「傾奇」)の字を当てるが、自由奔放にふるまうことだった。そこから異様な身なりで反日常の先端を行くファッション、体制に背を向けて反骨を表徴する「アウトロー」、あるいは「遊侠の道に生きる伊達者」をかぶき者と呼んだ。

そのような「かぶき者」の源流は、室町期の流行語だった「ばさら」に通じる。「婆娑羅《ばさら》」と書くが、その原語は「跋折羅《ばざら》」(梵語 vajra)であって、右手に剣を持って憤怒の形相すさまじい「ばさら大将」の姿を真似て、派手に見得《みえ》を張る乱暴者を「ばさら」と呼んだ。

つまり、時代からの「はみ出し者」という、それなりの美意識と反骨精神でもって、無頼・無法・異端の道を行く溢《あぶ》れ者であって、その意味では「伊達」「風流」とも通ずるものがあった。*1

阿国歌舞伎は、男装でこのような「かぶき者」の新風俗を演じ、それに「猿若」と呼ばれた道化役のコミックな芸をからませた。その舞台が評判を取ると、それを真似て歌舞伎踊を名乗る女芸人の座が各地で生まれた。

さて遊女歌舞伎であるが、京の六条三筋町の遊女屋が経営していた四条河原の小屋での「張見世興行」を嚆矢《こうし》とする。遊里で働いている遊女たちが、河原の小屋まで出向いて興行したのだ。「張見世」の原義は、遊廓の女たちが店先に居並んで客を待つことだった。

＊1　覆面にヘルメット、右手にゲバ棒を持った七〇年代の全共闘も、この「ばさら」→「かぶき者」の系譜の末端に連なる。いずれ乱世が極まるであろうが、また新しい「ばさら」が現れるか。ただし、今の「かぶき者」風の若者から、何か新しいものが産まれる気配はまだない。

芸能の大衆化と遊女歌舞伎

三都をはじめ地方の各都市で、出雲阿国の歌舞伎踊を真似た「遊女歌舞伎」が流行した。あとでみるように、平安期の「白拍子」も男装していたが、それから四百年後の慶長期に現れた女歌舞伎の女たちも男装していた。伊達な「かぶき者」に扮して、官能的な張見世ショーを行ったのだが、中世の白拍子の時代と大きく違ったのは次の四点である。

第一、衣装も舞台も派手で豪華になった。白拍子はひとり舞が中心だったが、遊女歌舞伎は二、三十人、多い場合は数十人の群舞であり、レビューだった。

第二、スロー・テンポが多かった中世のリズムとは違って、ピッチの速い新感覚のリズムで踊った。「舞」から「踊」へ転換したのだ。

第三、白拍子の主な顧客は朝廷貴族や武士の支配層だったが、遊女歌舞伎は広く庶民にまで客層を拡げていって、芸能興行の大衆化の先駆となった。

第四、白拍子は巫女《みこ》系の神事芸能の面影を残していた。だが遊女歌舞伎は、当初の宗教性をしだいにかなぐり捨てて、官能美を演出しエロティシズムを前面に出した。

その当時の絵図を見ても、貴賤男女を問わずいろんな群衆が観客席を埋めている。当世風のモダンなファッションを身に付け、最新の楽器である三味線の伴奏で豪華な舞台を演出し、何百何千の群衆を集めて世間を驚かせた。

このようにして、中世の勧進興行とは全く異質な、新しい芸能空間が現前した。三都をはじめ各地に女歌舞伎の座が結成されて、城下町・門前町・宿場と鉱山町を巡業して回った。

「遊女歌舞伎」の禁止

しかし新しく成立した幕藩権力は、各地方の旅興行で大人気を博した遊女歌舞伎の盛行を、そのまま黙って見過ごすことはなかった。このような遊女の派手な張見世ショーは、風俗の壊乱に連なり人倫を乱すと断じて、統制に乗り出したのである。

その手始めとして知られているのが、徳川家康のお膝元だった駿府（現・静岡市）における女歌舞伎一座の取り締まりである。慶長十三（一六〇八）年五月、女歌舞伎の興行の際に、群衆雑踏してしばしば喧嘩が起こったので、安倍川の畔《ほとり》に町割《まちわ》りしてそこへ遊女たちを移した。

慶長年間の次の元和年間（一六一五～一六二四）に入ると、三都でも遊女集団の囲い込みが行われた。京都では四条河原に七つの座を公認して、そこでの集中管理をはかるとともに、六条柳町の遊里に隣接して西洞院町を開設し、遊女歌舞伎の一団を集住させた。元和三（一六一七）年には江戸で葭原《よしわら》（元吉原）遊里を認可してそこに遊女を集め、大坂では新町遊里の町割り移転が行われた。

このようにみてくると、遊女歌舞伎の規制が、特定の場所への集娼をはかった「遊里」統制の一環としてなされたことが分かる。

遊女歌舞伎の最盛期は元和から寛永年間に入る一六二〇年代だったが、あまりにも淫猥で民衆風俗を壊乱するという理由で、寛永六（一六二九）年には、派手な張見世興行は全国的に禁止された。

その頃の江戸で大人気だった和尚《おしょう》と称したスターの太夫三十余人をはじめ、総勢百数十人が箱根を越えて西国に流されたと伝えられている。政治の中心だった江戸は特に厳しく取り締まったのであろう。

「若衆歌舞伎」から「野郎歌舞伎」へ

「遊女歌舞伎」が禁止されると、それに代わって「若衆歌舞伎」が流行した。前髪立ての美少年の舞踊で、室町期の京都では風流踊の一種として若衆の座があったが、それを当世風に崩したもので、すでに遊女歌舞伎の全盛時代から併行して演じられていた。

しかし舞台の上で男女入り乱れてエロティックな所作をやっているのはあまりにも卑猥であると、女歌舞伎との共演は禁じられた。「男女交じりて俳優せしによりて、猥《みだ》りなる事も多く出来しなるべし故に、寛永年中女楽を禁ぜられて若衆歌舞伎となりぬ」と記されている。（『東都劇場沿革誌』第一巻）

ところが、承応元（一六五二）年六月、この若衆歌舞伎も町奉行によって禁じられ、江戸堺町で演じていた少年歌舞伎団の前髪は、ことごとく剃去《ていきょ》されてしまった。

その理由は、「頃日大名旗本男色《なんしょく》にふけり、この徒召しあつめて酒の酌とらせ、きそひもてあそぶ事、法に過たり」とある。そのうえ大坂定番の保科弾正忠の家で、松平隼人（町奉行）と植村帯刀（大番頭）が「歌舞伎子」をめぐって乱闘に及ばんとしたことが江戸表に知れて、興行は翌年春まで禁じられた。（『徳川実紀』承応元年六月廿日条）

もちろん若衆歌舞伎がすべて衆道《しゆどう》（男色）を売り物にしたわけではなく、江戸歌舞伎の先駆けとなった猿若彦作座や勘三郎座のような一座が、若衆歌舞伎の中から育っていったのである。

本格的な舞台芸能の構築

若衆歌舞伎の禁止によって、前髪を剃って野郎頭《やろうあたま》となった役者たちによる「野郎歌舞伎」の時代に入った。「野郎」は「女郎《めろう》」と対《つい》をなす用語で、支配権力を握っている武士からすれば、平民身分以下の男性の蔑称だった。「野郎頭」は前髪を剃って月代《さかやき》をした頭で、江戸時代の庶民の一般的な髪型だった。

承応二（一六五三）年になって、ようやく歌舞伎再開が認められた。京都の村山又兵衛の願いで、「再度芝居興行叶《かな》ひ、男かぶきと改り、其後若衆は前髪を掌ほど剃おとし、野郎になし、狂言を勤むべし」という条件で免許が下された。（『歌舞伎年代記』）

この場合の「狂言」は、遊女歌舞伎時代のストリップ・ショーまがいの舞踊に対して、ドラマ性のある舞台演劇を指している。男優ばかりの野郎歌舞伎になったことが、結果として一大転機となった。それまでの「傾城買狂言」を中心とした風俗スケッチ的な寸劇から、能・狂言や人形浄瑠璃から筋立てを借りて、舞台演劇として歌舞伎芝居の本格的な創造に取り組むことになった。

劇場の構造が改めて整備され、引き幕が考案されて、「続き狂言」と呼ばれる複雑なストーリーの展開が可能となった。簡単な一幕物は「離れ狂言」と呼ばれた。二番続き・三番続きなどの長編芝居が「続き狂言」で、ひとつの演目で朝から夜までかかる狂言も現れた。

初期の頃の芝居の筋書きは、役者たちが考案してほとんど即興で舞台化していた。だが、人形浄瑠璃から筋立てを借りた丸本物《まるほんもの》が主流になるにつれて、本格的な座付作者による舞台脚本の作成が必要な段階に入った。その先駆けとなったのが近松門左衛門だった。このようにして、元禄歌舞伎として開花する御膳立てがしだいに整っていった。

民衆の不満の捌け口

身分制の下辺に置かれて教育を受けることがなかった民衆は、自分たちがどう生きていくかという問題について、積極的に自己主張する場を築くことができなかった。お上の政策に正面から楯突いて物言う場合は、命を賭けた一揆による外に方法がなかった。日ごろの鬱憤を晴らすのは、役者たちが舞台で演じてみせる仮構の世界であった。日常の不平不満を代弁し、支配権力の内実をそれとなく暴露する芝居を民衆は待ち望んだ。しかし、当代の武家社会の内実をリアルに描写することは禁じられていたから、歴史的時代に仮託して物語は劇化された。民衆もよく知っている通俗的な中世史によりながら、史実や風俗も無視して、朝廷貴族や武家の姿を誇張した虚構で描いてみせたのである。例えば『仮名手本忠臣蔵』は『太平記』の世界を借りていた。

史実を無視して歴史上の有名人物を揶揄《やゆ》する荒唐無稽な物語は、抑圧されてきた人びとの情動の浄化《カタルシス》となった。世に入れられず溢《あぶ》れ者として芝居に登場する無頼・無法・異端の徒にしても、鬱積した民衆の心情の代弁者として人気を博した。民衆は、斜め下から世間を見据えていた。その民衆の目からの、諷刺と諧謔《かいぎゃく》と哄笑が込められていたのであった。

歌舞伎狂言が独創した〈悪〉の付いた役柄は、第七章でみるように「公卿悪」「実《じつ》悪《あく》」「色悪《いろあく》」「悪婆《あくば》」などがあった。いずれも幕府の建前である儒教倫理からはみだした役柄であった。民衆の視座からすれば、そのどれもが「秩序」を掘り崩す役割を担わされていたのであって、現代の悪役とはかなり意味が違っていた。

もう一つ特記しておかねばならないのは、愛欲の表現だった。この定めなき浮世で、いつの時代でも「性《セックス》」にまつわる男女の濡れ場は、民衆にとっても一大関心事だったが、文字を読めぬ民衆は、浮世絵で鮮明に描かれる交情の図で「性」の世界の深さを知り、芝居の濡れ場でしびれたのであった。

三都の「盛り場」

近世も十七世紀の中期に入ると、京の四条河原と大坂の道頓堀が芸能興行の中心地になった。舞台芸能として花開いた歌舞伎から、庶民生活に彩りをそえた雑《ぞう》芸能・見世物芸に至るまで、その二カ所を拠点にして、近世の「盛り場」の原形が形成されていった。そして新しい政治の町としての江戸の都市計画が着々と進むと、京都と大坂の二カ所に加えて、江戸の芝居町が重要な「場《トポス》」として浮上してきた。

江戸で常設された最初の芝居小屋は、寛永元（一六二四）年に中橋に猿若（中村）

猿若町の中村座（『近世風俗志』）

勘三郎が建立した猿若座とされている。それでも舞台と桟敷席に屋根が架してあっただけで、土間席は野天だったから雨の日は休演を余儀なくされた。

中橋から禰宜《ねぎ》町に移っていた芝居町が、明暦の大火以後は堺町・木挽町の二町に限られて、そこで中村座・市村座・山村座・森田座の四座が公認された。（このうち山村座は、正徳四（一七一四）年の「江島生島事件」によって興行権を奪われたので、明治に至るまで三座制となった。）

その近くの日本橋葺屋《ふきや》町の湿地帯に遊廓が公認されたのは、先にみたように元和三（一六一七）年で、葭原《よしわら》と呼ばれていたが、これが元吉原である。その遊廓が明暦三（一六五七）年に、浅草寺裏の田圃の一部を開拓した新吉原に移された。

それからさらに百九十年後、江戸府内の大芝居として櫓《やぐら》免許を得ていた三座が、

「天保改革」で浅草寺裏の猿若町に移転してきた。

遊里の吉原と芝居町の猿若町を併せて、名実共に東国第一の「悪所」が形成された。

そこまでが、近世における日本の三大「盛り場」形成の大筋である。

まとめて言えば、㈠旧町域からの「所払い」、㈡町家《まちや》の少ない新開地への「囲い込み」、㈢そして堀や塀などによって隔離された特定の場への「集住」——そのような段階を経ながら、「悪所」が発展していったのであった。

4　芸能興行と河原者

町域から排除された遊女・芸人

先にみた三都の「盛り場」は、現代では都心に近い繁華街として知られている。だが、四百年も遡れば、いずれも町中から外れた境界領域であり、周縁の地であった。人出で賑わう盛り場が、江戸時代に入るまでは辺境の地だったと聞くと、いぶかる人も多いだろうが、近世初頭の頃の地図を拡げてみればすぐ分かる。京・大坂・江戸の三都に成立した「悪所」は、いずれも町家が密集している市街地の外れにあった。そのすぐそばに川が走り、人や荷を運ぶ舟運にも適していた。河原もあるので、人を集めるには利便の土地柄だった。

なぜ町家から離れた境界領域に「悪所」が設定されたのか。「あそびめ」「うかれめ」と呼ばれた遊女たち、彼女らを抱えている傾城屋《けいせいや》、そして芸能で身を立てる遊芸民の集団——そのような仕事で生きる者は、百姓・町人と呼ばれた平民よりも低い身分とされていた。

特に貴種を中心にその家柄や血統を誇る権門勢家が集住する京の都では、遊女や遊芸民に対する賤視観は、室町時代の頃にはすでに定着していた。

素性のよく分からぬ遊女や芸人は、古い伝統を誇る町域に居着くことはできなかった。その成員になることはもちろん、その集団が域内に居住することも認められなかった。結束の強い古い共同体は、さまざまの「定《さだめ》」を制定して、「よそ者」の居着きを厳しく規制した。

十七世紀の初頭、江戸幕府が成立した頃は、戦国時代の余煙があちこちに漂っていた。「穢多」「非人」を中心とした近世賤民制は、きっちりした法制度としては、全国的にはまだ確立されていなかった。

この問題については第五章でまとめて述べるが、徳川新政権は、中世的な慣行を引き継いで、卑賤視されていた集団を特定の場所に集住させていった。身分間の自由な交遊も禁じ、その生業の差異性を際立てさせるように居住ブロックを特化したのであった。

遊女たちが閉じ込められた遊廓は、塀や溝で仕切られて、後に「苦界《くがい》」と呼ばれるようになった。芝居町についても、それに準じる措置がなされたのであった。

「遊里」「芝居町」「賤民地区」

さて、「悪所」の第二の特質としては、「遊女町」と「芝居町」と「賤民地区」——この三つがワンセットになっていたことが注目される。遊里と芝居町は、賤民居住区の周辺に設定されていたのである。「悪所」のそばには、その地域を「旦那場」(「持ち場」「廻り場」「勧進場」「草場」とも呼ぶ)とする賤民の居住地があった。

先にみた四条河原は河原者の居住区だったが、彼らは小屋掛けの工事などが得意で、流れてきた浮遊物を清掃して、利用できる空き地を造作するのは手慣れた仕事だった。皮革の製造も得意だったので、芸能になくてはならぬ太鼓や三味線などの楽器作りも特技だった。大道芸や門付芸などの雑芸能に通じていた者も少なくなかった。

このような「場」的な特質があってはじめて、四条河原での興行が成立したのであった。そこに遊女を出演させた傾城屋にしても、河原者の頭分《かしらぶん》となんらかの接点があったと考えられる。

歌舞伎の創始者として知られている出雲阿国《おくに》は、出雲大社と関わりのある巫女《みこ》の出とされていたが、その出生地は出雲ではなく、実は奈良あたりの声聞師《しょうもんじ》の傘下にあった「アルキ巫女」だったとする説が今日では有力で、私もその説に賛成だ。(服部幸雄「出雲のお国の出身地と経歴」前掲に詳しい。)

この「アルキ」とは、定住せずに各地を漂泊していることを意味した。特定の寺社に奉仕していた巫女ではなくて、あちこち流して歩いていた巫女である。彼女らの出自を確かめるはっきりした史料は、何も残されていない。私の勝手な考えだが、平安末期の頃の傀儡女《くぐつめ》や白拍子などがその源流で、その落ちぶれた末裔とどこかで連なるのかもしれない。もちろん確かなことは分からない。

寺社権力と芸能興行

中世の時代では、寺社と芸能とは深い関わりがあった。各地方で古い由緒を誇る寺社の境内は、伝統的に芸能興行の場所として知られていた。

そして有名な寺社は、その傘下に芸能集団を抱えていた。寺社の散所《さんじょ》に集住していた声聞師たちが、祭礼の日に境内で猿楽能や曲舞《くせまい》を演じ、またハレの日に予祝の門付けに出たのであった。声聞師の芸能については、『陰陽師の原像』（岩波書店、二〇〇四年）で詳しく述べたのでここでは立ち入らない。

室町期に盛んだった猿楽・田楽・曲舞にしても、いずれも「勧進」興行として行われた。「勧進」は、社寺や仏像の建立・修繕のために広く金品を募ることである。つまり、仏や神の功徳を称え、信仰の道を説くという宗教的な名目を表看板にして芸能が演じられたのであった。そのような神事・仏事の芸能興行にたずさわる者が「役者」と呼ばれた。*1

先ほどみた出雲阿国であるが、出雲大社に仕える巫女と称したのは、諸国を行脚《あんぎや》するためには大社造営の資金集めの勧進興行という名目が役立つからだった。

興行の場からみても、寺社と芸能は深い関わりがあった。常設の劇場はまだなかった時代である。貴賤群衆を集める最適地は寺社の境内で、特に祭礼や市の立つ日は賑わった。そのような便宜が得られない場合は、町家から外れている河原や広場に、野天の仮設小屋を設けて興行がなされた。桟敷と舞台との間の芝生に坐って庶民は見物した。その場合でも、興行の名目は特定の寺社のための勧進であって、短期間の興行が終われば小屋はすぐさま解体撤去された。

当時の民衆は仏や神への信仰心があつく、大衆的娯楽もあまりない時代だったから、たまに上演される勧進興行は、またとないエンタテイメントだった。

＊1　そもそも「役者」は、寺社の祭祀儀礼の際に特定の「役」を持つ者の呼称だった。それがしだいに例えば能役者のように、芸能をもって祭事に奉仕する者を指すようになった。
歌舞伎の舞台は、いろんな意味で中世の猿楽から発展した「能」を一つの規範として形成されていった。歌舞伎役者という呼称も、能役者の称をそのまま借りたものだった。そういう意味では、この「役者」は、古代・中世の時代に祭事に奉仕した呪術者《シャーマン》の面影を宿した呼び名であった。

俗世と冥界をつなぐ河原

ところで、芸能興行の芝居地であるが、権勢を誇る寺社の境内では、一年を通じての常設興行はそもそも不可能だった。

そして町家が密集する町域では、仮小屋を作ることすら認められていなかった。遊芸民が市中に定住して、そこを拠点に活動しようとしても、素性もよく分からぬ漂泊の「よそ者」として排除されることは目に見えていた。そこで浮かび上がってきたのが「河原」だった。

なぜ河原が、常設の興行地になっていったのか。先にみたように町域から外れていて、取り締まりも厳しくなかった。そして興行に利用できる空間があり、小屋掛け工事の得意な河原者がいた。近世初頭の頃では、河原がまさに最適な興行空間だった。

もともと「河原」は、葬送や穢れを祓《はら》う禊祓《みそぎはらえ》が行われるので、俗世と冥界《めいかい》をつなぐ境界とされた土地だった。各地を漂泊していた芸能者が、特定の土地へ定住して興行できるきっかけになったのも、京の四条・五条河原をはじめ各地の河原での興行が成功したからだ。

四条河原の歌舞伎興行。右上部に「三つ道具」が見える（『洛中洛外図屛風』）

河原が無主・無税の地であったわけではない。掃除や清目《きよめ》などの「役」を課せられていた河原者の小屋があった。そこで催されるもろもろの行事については、中世の時代から河原者が一定の利権を得る慣行があった。つまり河原者の「取り分」が定められていたのである。*1

あとでみるように、近世の芝居興行では、興行収入の十分の一程度の礼金を、「櫓《やぐら》役銭《やくせん》」として、その地を旦那場としていた「穢多」集落に支払うしきたりがあった。その問題に関する近世史料は、『奈良の部落史・史料編』（奈良市、一九八六年）をはじめ、各地方の被差別部落の近世史研究の史料編に収録されている。*2

彼ら「穢多」身分は、河原者の系譜を受け継ぐ者として、興行の取り分を主張し、公権力もそれを認めていたのであった。その慣行が認められなくなったのは、後でみるように宝永五（一七〇八）年の「勝扇子《かちおうぎ》」事件からである。

*1　国家支配体制としての律令制は、平安後期の頃には実質的に崩壊していた。卑賤視された集団は、畿内を中心に各地に散在していたが、法制度としては賤民制は定立されていなかった。
南北朝から室町期にかけては、社会的に賤視された集団は、大ざっぱに言えば次の三つのカテゴリーに分けられる。重病や貧困のために坂・宿・乞場などに集住していた「非人」、寺社の傘下にあってさまざまの役務を担っていた「散所」、皮革の製造・竹細工・井戸掘り・築庭などに従事していた「河原者」——この三系列である。（沖浦『「部落史」論争を読み解く』解放出版社、二〇〇〇年）

*2　前頁の『洛中洛外図屏風』では、櫓の上に、「三つ道具」（突棒《つくぼう》・刺叉《さすまた》・袖搦《そでがらみ》）と太鼓が並べて置

かれている。これまでは櫓と武具は、神祭りの場での神霊の依り代《よりしろ》とする説が有力だったが、小笠原恭子氏は河原で刑死した怨霊を弔うための祓《はら》えの呪具とみる。

いずれの解釈も成り立つが、その無造作な置かれ方からみて、小屋の警固役を担っている河原者がその旦那場権のシンボルの意も兼ねて置いたとも考えられる。なお櫓は、官許の興行権を所有している座のみに許された。

芸能はなぜ卑賤視されたか

ところで室町期の「河原者」の系列は、地方によって「かわた」「かわや」「かわら」「さいく」「長吏《ちょうり》」「きよめ」「青屋」などさまざまの名称で呼ばれてきたが、俗世の底辺にありながら、新しい社会的生産力の担い手として興隆してきた集団である。その発生史を明らかにする中世後期の史料はほとんど残されていないが、その系列のかなりの部分は、近世に入って「穢多」身分として編制されていった。

歌舞伎興行の成立史については、数多くの先達の研究が発表されている。しかし、「河原者」にまで視点をひろげて、歌舞伎形成史の深層を掘り返そうとした体系的な研究は、史料があまり残されていないこともあって意外に少ない。

その地層に一歩踏み込んだ労作として、林屋辰三郎『かぶきの成立』（推古書院、一九四九年）、廣末保『辺界の悪所』（平凡社、一九七三年）、盛田嘉徳『中世賤民と雑芸能の研究』(雄山閣、一九七四年)、郡司正勝『かぶき論叢』(思文閣出版、一九七九年)を挙げておこう。

特に都市における「劇的空間」の成立と変遷については、小笠原恭子の『都市と劇場』(平凡社、一九九二年)が注目される。室町期から近世初頭までの芸能興行を丹念に追いながら、興行地としての「河原」の問題に正面から取り組んだ力作である。

もう一つ付言すると、「なぜ芸能は卑賤の者が従事する職業とみなされたのか」という根本問題である。古代・中世から近世にかけての賤民史研究が前提となるが、断片的な史料に依るだけの現象的な記述だけでは、この問題の深奥部に迫ることはできない。

芸能の果たした社会的役割と支配体制の内部での位置づけ——その問題を国家の統治理念も含めて、中国と朝鮮の芸能史も視圏に入れて比較文化論の視座から追求せねばならない。その問題を解く鍵の一つは、「律令制」という統治体制にあった。

ここでは深く立入らないが、中国で成立した律令制の〈貴・良・賤〉という身分観念、すなわち「商・工・医・巫」を賤民とする韓非子《かんぴし》以来の農本主義的イデオロギーが、この芸能民を卑賤とする考え方と深く関わっていた。もちろん芸能に関わるのは、この中の「巫」である。

「巫」は東アジア特有のシャーマン系の呪能であったが、国家宗教の枠外とされて、巫系の芸能民は、良民である農耕民より下位の賤民とされた。だがこの「巫」を源流として多様な芸能が花咲いたのである。

寺社の権勢下から外れた芸能興行

安土桃山時代に入ると、朝廷と結び付いて古い由緒を誇っていた大きい寺社の権勢はしだいに地に落ちていった。織田・豊臣政権の革新的な宗教政策によって、比叡山延暦寺をはじめ畿内の寺社勢力は往年の威光を失うに至った。芸能に従事する座を抱えていた寺社の興行権は大幅に制限され、芸能興行の総元締めの地位から追われた。

豊臣秀吉の〈兵・農分離〉〈町・在分離〉を基本とする新統治政策の一環として、京都と大坂における寺町の整備がなされ、それまで市中に散在していた寺が町家から外れた一郭に集住させられた。

そして徳川幕府が成立すると、「禁中並公家諸法度」「武家諸法度」「寺院法度」の三大法度が公布されて、それまで国家統治の要《かなめ》だった三大勢力は、徳川氏の厳しい統制下に置かれた。その統制・支配の方法は徹底していて、幕府の主要な統治機関は、すべて徳川氏譜代の家臣によって占められた。

寺社の権勢が衰退し、その支配下から外れていくと、各地にいた遊芸民の芸能活動は、主人持ちから解放されて、かえって活発になっていった。

神仏信仰とは無縁な形で、芸能をエンターテイメントとして演じて、木戸銭（入場料）を払えば誰でも入れるという興行形態がしだいに確立していった。そういう時代に入ると、広く大衆にもてはやされるためには、名実共に新時代にふさわしい芸能を自らの手で創造していかねばならない。

ところで、「悪所」とされた「場《トポス》」の第三の特徴は、そのすぐ近くに庶民がよく詣でる寺があったことである。四条河原は多くの寺が並ぶ寺町に隣接していた。大坂の道頓堀界隈には法善寺と竹林寺があった。浅草には在地の信者たちがよく詣でた浅草寺があった。名古屋の大須は、名古屋城の築城後に整備された大須観音を中心とする寺町だった。

そのように、「盛り場」の多くは門前町の性格を持っていた。それらの寺は、古代から寺格の高かった大寺ではなくて、民衆にごく身近な庶民にひらかれた寺であった。

第三章

遊女に潜む霊妙なパワー

室津（兵庫県たつの市）に残る遊女友君の墓

1　中世の遊里と王朝貴族

中世の宿場・港町と遊女

遊女がたむろする色里を「悪所」と呼ぶようになったのは近世に入ってからである。猥雑で淫靡《いんび》な場所――そういう特異な空間の記号として、「悪所」が用いられるようになった。そのきっかけとなったのは、近世初頭の三都における遊廓の造成だった。

それでは、平安期の頃はどうだったのか。交通の要衝である宿場町や船の出入りの多い港町には、歌舞で客をもてなし、夜は寝所を共にする遊女たちがたむろしていた。だが、当時の史料を調べてみても、これらの在所が「悪所」と呼ばれた記録はない。むしろ遊里は、あとでみるように、神に祈る「歌」や「舞」が演じられ、陰陽が交合する「聖なる場」と考えられていた節がある。

中世の物語にも「悪所」が出てくる。しかし、『平家物語』や『義経記』で悪所と呼ばれていたのは、通行困難な「嶮しい所」、住むに適さない「荒れ地」である。この「悪所」は、地形・地勢論として用いられていたのであって、道徳的な意味は全く込められていない。

平安期では、天皇・貴人と交遊し相枕した遊女は数多くいた。その当時は、「性《セックス》」を大自然の神々の粋な計《はか》らいと考える太古からの思想が、なお色濃く残っていた。歌舞にすぐれ、容姿すばらしく、交合の術に長《た》けた遊女たちは、その胎内に〈聖〉性を宿しているとみられていたのである。その聖性が消えていって、しだいに〈賤〉の領域に反転していくのは、室町期に入ってからである。

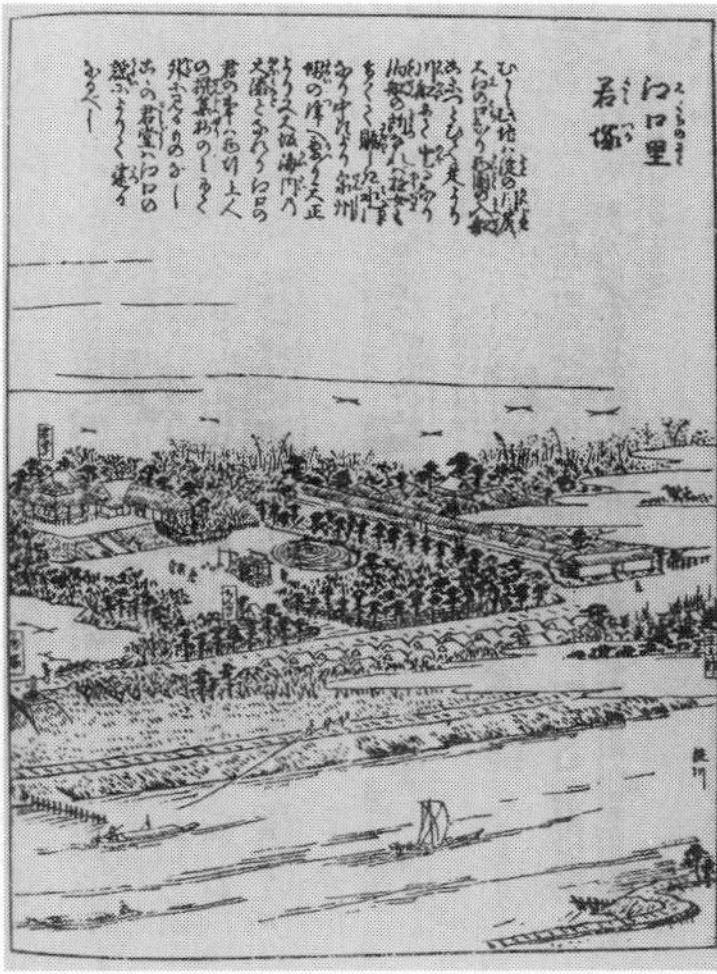

江口の里（現・大阪市東淀川区南江口。『摂津名所図会』）

平安後期の頃では、淀川河口の江口・神崎・蟹島《かしま》、瀬戸内海に面した播磨の室津、近江の鏡宿、美濃の青墓《あおはか》・墨俣《すのまた》など、遊女がたむろしている港町や宿場があった。交通も不便で情報の流通も限られていた時代だったが、それでもこれらの遊里の所在地は広く知られていた。
船便が多い西国では「港町」に、街道を歩くことが多い東国では「宿場」に、いつしか遊里ができていって、当時の紀行文や日記に記されるようになった。

法皇と遊女出身の女房

それらの遊里の中で、特に都に近い淀川沿いの江口と神崎の遊女たちは、都でも評判になっていた。朝廷に仕える貴人高官もしばしば訪れて遊楽を共にし、その官能美に酔いしれた。彼女たちは宮中にも推参して、得意の芸で奉仕した。

後白河院に愛された丹波局、後鳥羽院の寵姫だった伊賀局は、いずれも江口の遊女の出で、「局《つぼね》」の地位にあった。もと遊女だったことは朝廷官人の間でもよく知られていた。数ある女房の中でも、この二人は院の生涯を通じて厚く信任された女性だった[*1][*2]。

遊女出の女が、人界で最も聖なる地位にいた法皇に愛されて局となる。今日では到底考えられないが、その頃の遊里・遊女には、〈穢〉や〈賤〉の意識も、〈悪〉の観念も、まだまとわりついていなかったと言える。彼女らは貴紳の宴席に侍って歌舞をし、寝所に入って性愛の相手となったが、そのような行為は、人倫にもとる悪業とはみなされていなかった。

いや、むしろ逆であった。芸も達者で容色がすぐれ、努力して教養を身に付けた遊女は、俗人にはないある種の呪力、特異な呪能を秘めた女性とみなされていたのである。「春をひさぐ」という慣用句があるが、もちろんこれは後世になってからの造語で、「販《ひさ》ぐ」は商品として売ることである。「売色」「売笑」とも称されたが、金品を得る目的で不特定多数の相手と「恋《しの》ぶ情《こころ》」もなしに性交を行うことである。

もちろん中世の遊女でも、その肉体をひさいで、生きていくために遊里に入った者もいたであろう。しかし、性の商品化という「売春」の次元だけで、中世の遊女の存在を論じることはできない。そういう解釈は、平安期の遊女の本質を見失い、その頃の性愛の意味の深さを読み違えてしまう。そのことを明かす格好の史料は、後節でみる大江匡房《おおえのまさふさ》の『遊女記』である。

＊1　「女房」は、院や諸宮・貴人の家に仕える女性の総称だったが、出身の身分によって上臈《じょうろう》・中臈・下臈に大別された。「局」は、もと宮中の女官・女房などの私室として仕切られた部屋を指したが、そこに住む女房たちの中で重要な地位にあった者の敬称として用いられた。

＊2　室町期に入ると、遊女屋は「傾城局《けいせいのつぼね》」と呼ばれるようになった。近世の遊廓では、「局」は下級女郎のいる部屋を指し、「局女郎」は遊廓の最下級の女郎の意で用いられるようになった。この端《はし》女郎を買って遊ぶ者は「局買い」として揶揄《やゆ》された。

平安期では、院の寵愛を一身に集めた「局」も、このように近世では最低の見世女郎の代名詞に転化し、「上﨟」も遊女の別称になっていったのである。なぜそのように意味が転化していったのか。そのいきさつはよく分からないが、かつて貴人に寵愛された「上﨟女房」には、遊女の出が多いことを知っていた識者が用い始めたのだろうか。

なぜ性交を神聖視するか

ところで、先にみた「春をひさぐ」であるが、この「春」は何を意味したのか。「春」は、色情・色欲を意味するだけではない。「青春」という言葉で表されるように、「春」は陽光輝いて万物が蠢動《しゅんどう》し始める季節である。この「春」には、心身を賦活するという意が含まれていたのである。性愛は、生理的な欲望を満足させるにとどまらず、人間の〈気〉を高めて、非日常の世界に心身を解放するという、他の何物にも代えられない機能を内包していたのである。

縄文期からの出土物に見られるように、この列島の風土には、穀物の豊穣、山の幸・海の幸の多産を祈って、陰陽の「性器」を祭る信仰があった。そのような「性器」信仰は、そのまま「性交」そのものを神聖視する風習を培っていった。

他のどのような快楽とも比べようもないしびれるような感覚がやってきて、またとない〈気〉の充足感を覚えて、その交合によって子が産まれる。なぜ、そうなるのか。太古の人びとは、このような霊妙なプロセスは、神の授けられた一種の呪術的な秘事とみなしていたのである。

ヒトが自らの存在を意識し始めた原初の時代から、このように「性交《セックス》」を神聖視する観念が芽生えていた。世界各地の創世神話には、おしなべて陰陽の最初の合体の様《さま》が語られている。記紀神話ではイザナギ・イザナミの夫婦神が、最初の性交をした場面が次のように語られる。

「雄《お》の元《はじめ》」(陽物)のあるイザナギと、「雌《め》の元」(陰物)のあるイザナミが、「遂に合交《みあわせ》せむとす。而《しか》も其の術《みち》を知らず」。この男女神は性交しようとした。けれども、どうして合体するのか、その方法が分からなかったのだ。

そうすると、「時に鶺《にわくなぶり》　鴒有りて、飛び来りて其の首尾《かしらお》を揺《うごか》す。二《ふたはしら》の神、見《みそなお》して学《なら》ひて、即ち交《とつぎ》の道を得つ」。(『日本書紀』巻第一、第四段一書の第五)

セックスの術が分からなかったイザナギ・イザナミの二神は、たまたま飛んできたセキレイがその首と尾を揺り動かして交尾するのを見て、それを真似ることによって、初めて交合することができた。このセキレイは天津神《あまつかみ》の啓示を伝える霊鳥であった。

『遊女記』と『傀儡子記』

大江匡房(一〇四一~一一一一)は、平安後期を代表するすぐれた学者であるが、その晩年に『遊女記』『傀儡子記《かいらいしのき》』を書いている。いずれも四千字程度の短い文章だが、当時の民俗誌としては情報量の多い第一級の史料で、格調高い名文としても知られている。

『遊女記』では、「倡女《うため》」がたむろしている江口・神崎・蟹島の賑わいを描写して「天下第一の楽しき地」であると言う。彼女らと遊んだ客たちは、「家を忘れずといふことなし」という有様で、自分の家庭は忘却して、みな遊女たちに耽溺してしまう。その遊女たちの特徴を次のように描いている。

皆これ倶尸羅《くしら》の再誕にして、衣通姫《そとおり》の後身なり。上は卿相《けいしょう》より、下は黎庶《れいしょ》に及《いた》るまで、牀第《ゆかむしろ》に接き慈愛《みちび》を施さずということなし。また妻妾と為りて、身を歿するまで寵《あい》せらる。賢人君子といえども、この行《しわざ》を免れず。

この文は遊女たちへの最大級の賛辞である。上は大臣クラスの高官から下は庶民に至るまで、「牀第に接き慈愛を施」す。寝所での慈愛とは、ズバリ言えば閨房《けいぼう》での性愛である。倶尸羅はインドの黒ホトトギスで、その美しい啼き声で知られていた。衣通姫は、『古事記』に出てくる允恭《いんぎょう》天皇の第二女の軽大郎女《かるのおおいらつめ》の別名である。その輝くばかりの艶色は、衣を通して光って見えたので、色気溢れる絶世の美女の代名詞として用いられた。

この『遊女記』では、江口・神崎・蟹島の三カ所の遊里で、よく知られていた十八人の遊女の名が記されている。彼女たちは、観音・小観音をはじめ、如意《によい》・香炉・孔雀・狛犬・宮城・宮子など、神仏にゆかりのある名を付けていた。つまり、神仏の化身で霊妙な神通力のあることをほのめかす名を付けていたのだ。

人の心を蕩かす術

「色は思案の外」と古くから言われている。男女の恋慕の情は、この世の通常の倫理では判断できず、とかく分別《ふんべつ》を越えて意外な展開となるという意である。

実際問題として、私も身に覚えがあるが、あでやかに舞う女の、黒ホトトギスのような美しい声にうっとりさせられ、共に酒を飲んで楽しんでいると、誰でもそうだが、そぞろ色めかしくなって、体の中からフェロモン（色欲の情）がしだいに沸き立ってくる。

名の知られた遊女たちは、そのすばらしい歌声と美貌で、「能《よ》く人の心を蕩《とろ》」かした。色情がみなぎってくると、法皇であれ大臣であれ、相手の女性の生まれ育ちや身分の違いなど、浮世のことはどこかに吹っ飛んでしまい、ついに身に身を重ねるのが人の世の常である。

どんな賢人君子でも、このようなすばらしい遊女に出会うと、たちまち耽溺してしまう。上は大臣から下は庶民にいたるまで、その寝所に招いて愛しあう。すぐれた遊女は、妻妾となって死ぬまで寵愛される。そのように大江匡房は断言して、藤原道長が江口の遊女小観音、権大納言藤原頼通が同じく江口の遊女中君《なかのきみ》を寵したと代表例をあげて語っている。

繰り返し読んでみても、この『遊女記』では、このような貴人と遊女との交わりを道徳的に非難する口調はどこにもみられない。いや、それどころか、深読みするならば、すばらしい遊女たちとの交情を、羨望の念を込めて語っていると言えるだろう。

大江匡房は、探求心の旺盛な第一級の学者で、政界でも活躍した行動派だった。彼自身、遊里を訪れたことも一再ならずあったのではないか。外側からの好奇心だけでは、とてもこのような文は書けない。

2　後白河法皇と卑賤の「声わざ」

傀儡女の出だった乙前

『遊女記』が書かれてから約百年後の十二世紀後半、遊女・傀儡子《くぐつ》・巫女など遍歴する遊芸民の歌謡を集めた『梁塵秘抄《りょうじんひしょう》』が編まれた。その編者は後白河法皇（一一二七～一一九二）だった。

法皇は、当時流行した新歌謡の「今様《いまよう》」を愛好したが、院が習った師は、かつて青墓にいた傀儡女の「乙前《おとまえ》」だった。

大江匡房が『遊女記』とほぼ同時期に書いた『傀儡子記』によれば、傀儡子は「定まれる居なく、当《まも》る家なし。穹廬《きゅうろ》氈帳《せんちょう》、水草を逐いてもて、移徙《いし》す。頗《すこぶ》る北狄《ほくてき》の俗《ならい》に類《に》たり」とある。傀儡子は定住生活をすることなく、獣毛で編んだ毛氈を敷いた天幕生活で、水辺の各地を流れ歩いていた。その生活や風俗は、北方の遊牧民族によく似ている漂泊の民とみられていた。

この『傀儡子記』によれば、男は狩猟を生業とし、剣術・人形舞わし・奇術が得意だった。女は紅や白粉などで化粧して、「倡歌淫楽して、もて妖媚《ようび》を求む」と記されている。この妖媚は、人を惑わすあやしい魅力であって、歌唱にもすぐれ、求められれば寝所も共にしたと言うのだ。

後白河院（「天子摂関御影」）

だがこの記述は、大江匡房の実際の見聞に基づくものではなくて、たぶん巷間の俗説を紹介したのだろう。したがって傀儡女だった乙前が、若い頃このような生活を過ごしていたのかどうかは分からないが、中《あた》らずといえども遠からずと言えよう。

傀儡子の起源については諸説あって、それを確かめる史料はないが、かなり古くから川辺・海辺を漂泊していた非農耕民だった。朝鮮半島からやってきた渡来系の巫覡《ふげき》の徒の零落した姿かもしれないが、いずれにしてもその発生期は奈良朝以前とみられるので、その出自や由来を確証する史料はない。

ところで、傀儡女と言えば、私が特に注目する論述がもう一つある。それは『梁塵秘抄』の末尾に付された後白河院の「口伝集」巻十である。院の自叙伝として読んでも興味深いが、日本芸能史上でも注目すべき論考である。

異能の王・後白河院

後白河院は、いろんな意味で、院政史上だけではなく、天皇制の歴史の中でも特筆すべき異能の王であった。その第一は政治家としての力量である。

その院政の時代は、平安末期から鎌倉幕府創設期に至る、いわゆる「武者《むさ》の世」の始まりを告げる大激動期だった。

院はその権謀術数と果敢な行動力でもって、なんとか未曾有の難局を切り抜けていった。平清盛と源頼朝という源平両氏の棟梁を手玉にとり、木曾義仲も源義経も一度は院に煮え湯を呑まされている。頼朝をして「日本国第一の大天狗《てんぐ》」と言わしめたことはよく知られている。

その第二は、行真という法名を名乗って、旺盛な政治活動のかたわら仏道に精進したことである。三十三回とみられる熊野御幸を始め、生涯を通じて深く仏教を信仰した。末法《まっぽう》の世の作善《さぜん》として、都に「三十三間堂」を建立して千一体の千手観音を奉納するなど、造寺・造仏に努め、『法華経』などの経典にもよく通じていた。この三十三の数字は、観世音菩薩がその身を三十三身に変化《へんげ》しこの世に現れ、六道の衆生を救い給うという誓願に基づいている。

第三は、芸能の分野におけるその功績である。天皇・貴人がエンターテイメントとして芸能を愛好した例は数多い。しかし院が愛好したのは、貴人にもてはやされていた芸能ではなくて、下層の民衆の間で流行した俗謡、つまり「はやりうた」だった。

卑賤の「声わざ」と「熊野信仰」

後白河院のように、卑賤の「声わざ」とされた下層民衆の芸能に、心の底から入れ込んだ天皇は空前絶後だった。その終生を通じての「今様狂い」は、九条兼実の日記『玉葉』で記されているように、側近に「暗王」「愚物」と評されるほどであった。

だが、院が今様に熱中したのは、享楽のためではなかった。院の今様への入れ込みは、その熱烈な仏教信仰と一体となっていた。特筆しておかねばならないのは「熊野信仰」である。院が三十三回も詣でた熊野三所権現《ごんげん》は、五障・三従の負性がある女性、穢《けが》れとされた重病者の参詣も拒まない、特異な宗教的風土があった。

縄文時代以来の、山・川・森・海に坐《いま》す神々への信仰というアニミズムと、伝来した道教や仏教が複雑に重層化して、独特の熊野三山信仰が生まれたと考えられる。「衆生悉有仏性《しゅじょうしつうぶつしょう》」（生きとし生けるものすべて仏となる性質を内に持っている）という信仰の極意を、熊野に詣でた院はそれなりに体得していたのである。

このような思想的背景があったればこそ、院は卑賤の女たちの「声わざ」を心から愛して、ついに『梁塵秘抄』の編纂を決意したのである。

それだけではない。江口の遊女を後宮《こうきゅう》に入れて女房（丹波局）にした。たぶん院にとって彼女が最愛の女性であって、その産んだ子を天台座主にしたのであった。遊女という出自にこだわることなく、心底から愛と信を感じていたであろう。（後宮に入って女房となった遊女については、横尾豊『平安時代の後宮生活』柏書房、一九七六年、大和岩雄『遊女と天皇』白水社、一九九三年）

院が編纂した『梁塵秘抄』

『梁塵秘抄』は、もともと「歌詞集」十巻、「口伝集」十巻だった。今日国宝として現存するのは、明治維新後に発見された「歌詞集」の巻一断簡・巻二、そして「口伝集」巻一断簡・巻十である。あとは散逸して見つかっていない。このうち「口伝集」巻十は、この歌集の序文とまとめともいうべき重要な論考である。

「嘉応元年三月中旬の比《ころ》、此等《これら》を記し畢《おわ》りぬ」とある。それで、巻十は歌集全体の編纂が終わってから十年も経って、「六十の春秋」近く、院の晩年になって書かれたことが分かる。

院はこの巻十で、自分が習ったさまざまの「声わざ」を編纂したいきさつを次のように述べている。

おおかた、詩を作り和歌を詠み手を書く輩《ともがら》は、書きとめつれば、末の世までも朽つること無し。声わざの悲しきことは、我が身崩れぬる後、留《とど》まることのなきなり。その故に、亡《な》からむ後に人見よとて、未だ世になき今様の口伝を作り置くところなり。

「詩・和歌」は、文字に記されるので末代まで残る。だが、「声わざ」はこの世に留まらない。口誦の「声わざ」が後世に伝わらないのは悲しいことだ。このように思い立って、まだ文字として記録されていない「今様の口伝」を作り置いた、と院は語る。

そのおかげで八百年後の今日でも私たちは当時流行した卑賤の民の「声わざ」を知ることができるのだ。日本文化史上でも特筆すべき事績である。

さてその前半は、十余歳からさまざまの「声わざ」を習った若い日々の想い出である。

斯くの如き上達部《かんだちめ》・殿上人《てんじようびと》は言わず、京の男女・所々の端者《はしたもの》・雑仕《ぞうし》・江口神崎の遊女・国々の傀儡子、上手は言わず、今様を謡う者の聞き及び我が付けて謡わぬ者は少なくやあらん。

公卿などの高位高官、召使や走り使、それに江口・神崎の遊女、諸国の傀儡子など、「今様」を謡う者がいると聞き及ぶと、院はみな呼び寄せて、一緒に謡った。「今様」という芸能の世界に没頭しているときは、その政治的地位や身分は一切無視している。傀儡子も遊女も、律令制の身分観念からすれば、公民である百姓《ひやくせい》には属さない周縁の民であった。だが後白河院は、そのような《貴・賤》観や《浄・穢》観にとらわれることはなかった。

院は、傀儡女の出である乙前《おとまえ》を召して懸命に今様を習った。そのとき後白河はまだ三十歳の若さだったが、乙前はすでに七十歳をこえた老齢だった。院がそれまで覚えていた今様も、乙前が継承していた「声わざ」で手直しされ、傀儡女が相伝していた秘曲『足柄』をはじめ数多くの歌を習った。

臨終の枕頭で「今様」を謡う

それから十余年、八十四歳になった乙前が病が重くなったと聞くと、院はお忍びで見舞った。病の床に臥す乙前に菩提《ぼだい》を得させようと、院は枕元で『法華経』を一巻誦《よ》んで聞かせた。あまりのうれしさにしのび泣きながら、「今様を一曲聴かせてください」と乙前が頼んだ。

像法転じては
薬師の誓いぞ頼もしき
一度御名を聞く人は
万《よろ》ずの病無しとぞいう

この歌を、「二・三反《べん》ばかり謡って聞かせ」た。薬師如来に祈念すれば、どんな病でも治るというありがたい歌で、院がよく詣でた熊野の新宮は、この薬師如来が鎮座する大社だった。

乙前の「手を擦りて泣く泣く喜びし有様《ありさま》」を見て、院は哀れに思いながら帰った。上皇が老齢の傀儡女の臨終を見舞って、その枕頭《ちんとう》で歌を謡ってきかせる――おそらく古今に類を見ない話である。

それから間もなく乙前は死んだ。院は毎晩阿弥陀経を誦んで冥福を祈った。それから一年間は、千部の法華経を誦んで菩提を弔《とむら》った。その一周忌の夜は、乙前は経よりも歌を喜ぶだろうと、暁方《あかつきがた》まで乙前に習った『足柄』十首などを謡って供養した。

たまたま里にいた女房「丹波」は、ある夜、死んだ乙前が出てきて、御所の障子の内で院の歌を聴いている姿を夢に見た。そのとき乙前はとても喜んで「いつもより院はお上手ですね」と褒めた。その夢見を、都に帰ってから丹波局は院に語った。

その話を丹波局から聞いて、院は、今は亡き乙前への愛惜の念がこみあげてきた。それから毎年の忌日には、歌で乙前の後世を弔った。丹波局は、先にみたように、江口の遊女の出で院の子を産み、院が最も愛した女性だった。

出色の遊女論

この「口伝集」巻十の後半では、院が熊野に坐す神仏を熱烈に崇敬するようになって、三十三回も熊野に詣でた経緯が述べられている。そして全文のまとめのところで、自分の「遊女」観について次のように述べている。

我が身五十余年を過ごし、夢の如し幻の如し。既に半ばは過にたり。今は万《よろず》を抛《な》げ棄てて、往生極楽を望まむと思う。仮令《たとい》又今様を謡うとも、などか蓮台《れんだい》の迎えに与《あず》からざらん。其《そ》の故《ゆえ》は、遊女《あそび》の類《たぐい》、舟に乗りて波の上に泛《うか》び、流れに棹をさし、着物を飾り、色を好みて、人の愛念を好み、歌を謡いても、よく聞かれんと思うにより、外に他念無くて、罪に沈みて、菩提の岸に到らん事を知らず。それだに一念の心発《おこ》しつれば往生しにけり。まして我等はとこそ覚ゆれ。法文の歌、聖 教《しょうきょう》の文に離れたる事無し。

位《くらい》人臣を極めた上皇としては、まことに希有な一文である。その大意は次のようだ。わが人生もすでに五十余年、この世のことは夢幻のごときものであったが、今はすべてを投げ捨てて往生極楽を望むだけである。これまで法皇の身でありながら遊女の謡う今様の世界にひたってきたが、それでも自分は極楽へ行けるだろうと思う。

院はその理由として、次のように遊女論を展開している。舟に乗って波に浮かび、流れに棹をさし着飾ってやってくる遊女たちは、「色」を好んで愛欲に溺れて、人に愛されたいと願っている。歌を謡っても人によく聴かれようと思うばかりで、その外に考えることもなく、結局は「罪に沈んで」極楽浄土に至ることも知らない。

そういう「罪に沈んだ」「遊女《あそび》の類《たぐい》」でも、仏を信心する一念を起こせば、極楽往生することができた。自分も遊女と同じように今様を謡ってきたが、法文の歌や聖教の文に親しんできたので、やはり極楽往生できるに違いない。

この一文は、遊女に対する深い思いやりと強い信仰心が込められた名文である。後白河のような異能の王は、天皇史上でも改めて評価されるべきだろう。

「承久の乱」と遊女・亀菊

もうひとり、後白河院とよく似た波瀾万丈の生涯を送った法皇がいた。文化史上でも特筆される業績を残した後鳥羽上皇（一一八〇〜一二三九）である。

治承四年の生まれだが、その年は、祖父の後白河院が清盛と共に福原に移り、源頼朝が伊豆で挙兵して、平氏没落のきっかけとなった年であった。

その三年後の寿永二（一一八三）年、平氏一門が安徳天皇を連れて都落ちしたため、後白河院の命により、三種の神器を欠いたまま践祚《せんそ》した。安徳・後鳥羽両天皇が併立したが、その二年後に安徳帝は壇ノ浦で入水した。

その時後鳥羽は六歳であったが、平家一門の没落と源頼朝による鎌倉幕府の創設という波乱の時代に少年期を過ごした。建久九（一一九八）年に土御門天皇に譲位し、以後二十三年間院政を行った。朝廷貴族の間の軋轢《あつれき》を制御して、しだいに院の支配体制を樹立していった。数多くの荘園を所領として、水無瀬《みなせ》・鳥羽・宇治などに壮麗な離宮を造成した。

後白河院にならって神仏への信仰もあつく、特に熊野詣は約三十回に及んだ。建仁元（一二〇一）年の第四回目の参詣は、随行した歌人藤原定家の記した『後鳥羽院熊野御幸記』（『群書類従』紀行部に所収）によってその行程がよく分かる。参詣途上の王子社と本宮・新宮・那智の計九カ所では、法楽として白拍子・里神楽・相撲などの芸能が演じられた。また和歌会《わかえ》もしばしば催された。

後鳥羽院は、公家と武家との融和を基調として、鎌倉幕府との関係を保ってきた。文人でもあった源実朝が三代将軍に就くと、さらに公武融和の方向を推進しようとした。

しかし、承久元《じょうきゅう》（一二一九）年、その実朝が鶴岡八幡宮で殺害された。これをきっかけに北条執権下の幕府との抗争が表面化し、上皇は寵妾の「亀菊」の所領である摂津国の長江・倉橋両荘の地頭の改補を命じた。しかし執権の北条義時はこれを拒否したので、ついに承久三（一二二一）年に、北条氏追討の宣旨を発して挙兵した。世に知られた「承久の乱」の発端であるが、あちこちの軍勢をかき集めた二万数千の朝廷軍は、十九万の精鋭を差し向けた幕府軍の前にひとたまりもなく大敗した。

遊女が生んだ皇子

乱後における幕府の政治的処置はきわめて苛酷だった。後鳥羽は隠岐へ、順徳は佐渡へ、土御門は土佐へと、三上皇は配流された。院の側近の六人の公卿は斬殺された。公家側の所領三千余カ所が幕府に没収され、おもに東国出身の御家人が地頭として新補された。

それまで西国に強い基盤のなかった鎌倉武家政権は、このようにして西国各地で所領を手に入れて、全国的にその支配権力を確立することになった。

かくして院政時代の朝廷の権力基盤は、ほぼ完全に解体された。奈良朝からの天皇制の権威も一挙に形骸化されて、「武者の世」の幕開けとなった。「承久の乱」の政治的意味はきわめて重大で、この乱をきっかけに平安の王朝文化は急速に崩壊していった。後鳥羽院は、文武にわたり多才多芸だった。蹴鞠《けまり》・琵琶・笛などの芸能に通じ、相撲・射芸・水練などの武技にもすぐれていた。特に和歌道においては際立った才能を持っていた。

院御所に和歌所を置いてすぐれた歌人を集め、その協力によって元久二（一二〇五）年に『新古今和歌集』を勅撰した。隠岐に流されてから執筆したとされる『後鳥羽院御口伝』は、歌論史の上でも注目される研究だった。隠岐に流された後鳥羽院は、その後十八年間、和歌に心を慰め、仏道に励んで孤独な生活を送った。

院は六十歳で亡くなったが、その死まで側近にいて、院を世話したのは愛妾の「亀菊」だった。院と亀菊との間には子が産まれなかったが、院は他の舞女・白拍子との間に何人かの子どもをもうけている。特に白拍子だった「石」は、三人の皇子を産んでいる。

この石は、後白河院の愛妾だった丹波局の名をもらっていたが、藤原定家の『明月記』の元久二年二月十一日条に、「白拍子、石、御簾編男《みすだれあみ》娘、今備綺羅、寵愛抜群」とある。白拍子の出である「石」は、華やかで美しい女で、院の深い寵愛を受けていたが、その父は、細い葦や細く割った竹で編む簾作りの職人だった。藤原定家は院の側近にあっていろいろ内情に通じていたのである。石は難産のために夭折したが、三人の皇子はいずれも僧籍に入った。

3　遊女も極楽往生できる

白拍子の磯禅師と静

後白河院や後鳥羽院の例に代表されるように、貴人と遊女との身分的隔壁を越えて、傀儡女や白拍子は貴紳の館に推参していた。

白拍子も遊女の仲間であるが、直垂《ひたたれ》に立烏帽子《たてえぼし》、白鞘巻《しろさや》の刀を差して歌舞を演じた。白拍子という名称からも分かるように、白ずくめの男装で、「男舞」を演じたのであった。

さて、平安後期から鎌倉時代にかけて盛んになった「白拍子」の芸を論じる際に、必ず引用されるのは吉田兼好の『徒然草』第二百二十五段である。

多久助が申しけるは、通憲入道、舞の手の中に興ある事どもをえらびて、いその禅師といいける女に教えてまわせけり。白き水干に、鞘巻を差させ、烏帽子をひき入れたりければ、男舞とぞいいける。禅師がむすめ、静《しずか》と云ける、この芸をつげり。これ白拍子の根元なり。仏神の本縁をうたう。その後、源光行、多くの事をつくれり。後鳥羽院の御作もあり。亀菊におしえさせ給けるとぞ。

吉田兼好は、雅楽寮の楽人だった多久助（久資）の話として、このように白拍子の起源を紹介している。後白河院に近侍していた藤原通憲は、出家して信西《しんぜい》と名乗ったが、博識多芸で知られ、芸能にもよく通じていた。傀儡女の乙前を今様の師として、後白河に推薦したのは、信西だった。

その信西は、多くの舞手の中から「磯禅師《いそのぜんじ》」を選んで「男舞」を教えて舞わせた。その芸を受け継いだのが、禅師の娘の「静」だった。

この磯禅師↓静の母子が「白拍子の根元」であると言うのだが、いささか出来すぎた話のような気もする。だが『平家物語』（巻十二）には、判官源義経が「磯禅師といふ白拍子の娘静といふ小女を最愛せられけり」とあり、『吾妻鏡』にもそう記されている。

男に変身する意味

白拍子は「仏神の本縁をうたう」と兼好は書いているが、静の母も磯禅師と法名を名乗っていた。男舞の白拍子の起源についてはいろんな説があるが、もともと「白拍子」の語源は、仏教の法会《ほうえ》で僧侶が唱える声明《しょうみょう》の中で、寺童（小僧）らが謡う「素《しら》声《ごえ》」のことだった。

白拍子（『七十一番職人歌合』）

大法会の余興として長寿を祈願する「延年《えんねん》舞《のまい》」が盛んに行われていたが、白拍子もその中の一つとして、おもに寺童によって独特の節で謡い演じられていた。それが遊女の中に伝わって、男舞の芸能「白拍子」になったのである。

女が男に変化《へんげ》することは、何を意味していたのか。この変身は、あの世とこの世、つまり〈幽・顕〉両界、〈神・人〉両界を巫術《ふじゅつ》をもって往来するシャーマン系であることを暗に示していた。

さまざまに化粧して、身を変化させることを「化生《けしよう》」という。神仏も衆生を救済するために、人の姿に化身してこの世に現れるとされていた。実際問題として白拍子は、住吉社・広田社・吉田社などに仕えて、そこで巫女舞を演じていた者が少なくなかった。巫女舞から男舞への変化は、男性優位の社会状況に対して、女性なりに変化して男社会を揺さぶろうとする意志が投影されていたのだが、そのことについてはあとで述べる。

芸能としての白拍子は室町期に入ってしだいに衰退していったが、奈良の声聞師《しようもんじ》支配下の遊芸民の中に残っていた。『大乗院寺社雑事記』の寛正四（一四六三）年十一月二十三日条に、「七道者」として、「猿楽、アルキ白拍子、アルキ御子《みこ》、金タタキ、鉢タタキ、アルキ横行、猿飼」の七種が挙げられている。

ここで「アルキ」とあるのは、廻国の旅をしていたこと、すなわち、一所不住の「さすらいびと」であったことを意味している。先章でみたように、出雲阿国は奈良の声聞師の支配下にあったアルキ巫女ではないかとする説が今日では有力である。

これらのアルキ筋の遊芸は、近世に入って、「穢多」「非人」身分ではないが、雑種賤民として遇された旧声聞師系の「宿」「院内」「寺中」や、「鉢叩」「鉢屋」「茶筅」

と呼ばれた空也上人を祖とする念仏聖《ひじり》系が演じていた。（沖浦『陰陽師の原像』前掲）

『平家物語』の白拍子たち

『平家物語』（巻第一）には、平清盛が寵愛した白拍子の祇王《ぎおう》・祇女《ぎにょ》の姉妹にまつわる話が出てくる。だが、加賀の出の白拍子・仏御前《ほとけごぜん》が清盛の新しい寵妾となったので、やがてこの二人は、清盛の館から追い出されてしまった。

祇王・祇女の姉妹は、母と三人でひっそりと暮らしていた。その翌年の春、「仏御前が退屈しているので、屋敷に参上して、今様と舞で仏御前を慰めてほしい」と清盛から使いが来た。祇王は館へ参上するのを拒んだが、母のたっての願いに心ならずも参上した。祇王の席は、以前とは違ってずっと下座にあった。祇王は落ちる涙を抑えながら、今様を二度繰り返し謡った。

仏もむかしは凡夫なり　我等《われら》も終《つい》には仏なり
いずれも仏性具《ぐ》せる身を　へだつるの身こそかなしけれ

並み居る公卿・殿上人・侍たちは、この歌を聴きながらみな涙を流していた。「へだつるの身」は、「差別されている身の上」の意である。「我等」とは女性そのもの、あるいは白拍子を指す。この歌では、女性に対する差別、白拍子に対する差別、仏御前と祇王の席の差別――この三様に解することができる。

その当時の真言・天台を中心とした旧仏教系の密教では、五障・三従の身である女性は、極楽往生はできないとされていた。しかも〈死〉〈産〉〈血〉の三不浄によって、女性は地獄へ堕ちるとする穢れ思想が貴族の間に広がっていた[*1]。阿弥陀仏を信仰していた祇王は、次のように謡ったのだ。仏陀はもともとは凡人だったが、悟りをひらいて仏になることができた。「遊女も含めて、われら女性は、誰もがみな仏性がそなわっていて、最後には成仏《じょうぶつ》できるのだが、今は悲しいことに、このようにして差別された身の上になっている。」

＊1　女性は生来「五つの障《さわ》り」があるために、本来的に成仏できないとする。修行の妨げとなる五つの障害は、煩悩障・業障《ごつしよう》・生障《しよう》・法障《はつ》・所知障である。
「三従」もまた、女性の自立した人格と人権を認めない男性本位の思想である。女性は、生家では父に従い、嫁しては夫に、夫の死後は子（長子）に従うべしとする。

法然の平等思想

そのような女性差別思想に抗して、女人も往生できると説いたのは、鎌倉民衆仏教の開祖として知られている法然（一一三三〜一二一二）だった。

法然は、〈貴・賤〉〈男・女〉を問わず、すべての人間が阿弥陀仏の慈悲によって救われるという平等思想を強く押しだした。そして「一切衆生《いっさいしゅじょう》・平等往生」を掲げて、旧仏教の教説を体系的に批判した。

立派な寺院や仏像はいらない、むつかしいお経は読めなくてもよい。ひたすら「南無阿弥陀仏」を唱えて一生懸命に生きていきさえすれば、だれもが仏の慈悲によって救われる――このように法然は、専修《せんじゅ》念仏による「易行易修《いぎょういしゅう》」を説いた。その新しい言説は、日本仏教史上でも画期的なものだった。

ところで、祇王哀話には後日談がある。三人の母娘は、嵯峨の奥の里で出家して、念仏三昧に明け暮れていた。その年の秋風の吹く頃、ひょっこりと仏御前が姿を現した。三人が尼になっていることを知って、その朝、清盛の許しもなく家を出て、自分も尼になって一緒に念仏を唱えて成仏往生したいと願って、この嵯峨の里までやってきたのである。

法然の船に近づく室津の遊女（『法然上人絵伝』知恩院蔵）

それからは四人が一緒に暮らして、阿弥陀の本願を信じて仏前に花香をそなえ、念仏三昧に生きた。そのとき、祇王二十一歳、祇女十九歳、母とじ四十五歳、仏御前十七歳であった。母のとじも、もとは白拍子だった。その後どれほど生きたのか分からないが、それぞれ念願通りに往生したと伝えられている。

後白河院が建立した長講堂（法華長講弥陀三昧堂）の過去帳に、「四人一所に入れられけり。あはれなりし事どもなり」と述懐して、『平家物語』はこの巻を閉じている。付言しておくと、京都市下京区五条の長講堂には、四人の過去帳が現存している。

このようにみていくと、『平家物語』には、法然の平等往生思想が色濃く投影されているのがよく分かる。おそらくそこには、平家没落の物語を語り歩いた琵琶法師たち、彼ら下級の遊芸民の心象が映し出されていたのである。

才色すぐれた遊女たち

遊女には才色共にすぐれて、勅撰和歌集にその歌が収録されている者も少なくない。建長四（一二五二）年に成立した編者未詳の『十訓抄』にも記されているが、肥後国の遊君檜垣嫗《ひがきのおうな》は『後撰集』に、江口の遊女白女の歌は『古今和歌集』に、神崎の遊女宮木は『後拾遺集』、青墓の傀儡女名曳《なびき》は『詞花集《しかしゅう》』、江口の遊女妙《たえ》は『新古今集』に、それぞれ収められている。

傀儡女や白拍子を含めて、遊女たちの多くは、その幼少期を苦労して過ごしたであろう。貴族の娘のように、学問を学んで教養を身に付ける機会には恵まれなかった。

遊女たちは、「長《おさ》」に率いられた独特の母系制集団を形成していた。実子もいたが、もらい受けた養子も少なくなかった。鎌倉期の史料に出てくるが、売られていった子どもたちも含まれていた。しかし実子・養子を分け隔てることなく、幼少期から手元で育てて、各地を巡りながら懸命に芸を習得させていった。

旅に出る時も、二人、三人で組になって歩いた。そのような習俗の起源を明らかにする史料は残されていないが、有史以前のアルキ巫女の時代からの、古い母系制共同体の民俗を伝承していたとみられる。

長の役を務める年配《ねんぱい》の女のもとで歌舞を習いながら、苦心して文字を覚えていったのだろう。そして貴紳の席に侍って、そこで交わされる雑談を小耳にはさみながら、いつとはなしに歌の世界を知って、自分でも和歌を作れるように必死に努力したのだろう。

高貴な家に育った女性も、茅《かや》で編んだ貧しい苫屋《とまや》で育った遊女も、みな同じ人間である。貴賤上下と身分は違っても、天賦《てんぷ》の才はみな平等だ。いや、むしろ野に咲く雑草のような境涯で産まれ育った者ほど、大自然のアニミズム的な呪力を身に浴びる機会に恵まれていたと言えよう。才色すぐれた遊女たちは、自らは意識していなかったとしても、そのような天与の霊力を知らず知らずのうちに身に付けていたのだ。

足柄山の三遊女

よく知られているのは『更級日記《さらしなにっき》』に出てくる足柄山《あしがら》の遊女である。この日記は、寛仁四（一〇二〇）年、菅原孝標《たかすえ》の女《むすめ》が十三歳の時、父の任地だった上総《かずさ》の国から上京する道中記から筆を起こしている。その途中で、足柄山の麓に泊まった。そこには足柄関《せき》があった。

その夜、「月もなく暗き」夜の闇の中から、三人の「遊女《あそび》」が現れた。五十歳ばかり、二十歳ばかり、そして十四、五歳に見える三人だった。この「五十歳ばかり」の女が長《おさ》であろう。

彼女たちは「空に澄《す》みのぼ」るような美しい声で上手に歌った。そして「おそろしげなる山中」の闇の中に、再び三人で帰って行った。足柄山は海抜七六〇メートルの、人里稀な深い山だった。そのうしろ姿を哀れに思って、旅の一行はみな泣いて見送った。

暗夜の山中から現れたこの三人の遊女の姿は、生涯を通じて忘れられない思い出で、この日記でも白眉《はくび》の一コマである。

この遊女たちは、旅の一行が恐ろしくて震え上がっている山中で、どんな生活をしていたのだろうか。家《すまい》と呼ばれるような居住空間があったのだろうか。この短い一文から推測する外はないが、険しい山の中で、年長のリーダーに育てられながら歌を学び、通りすがりの客に呼ばれることを頼りに生きていたのだろう。

この三人の遊女は、「髪いと長く、ひたひいとよくかかりて、色白くきたなげなくて……」と描写されている。山中から現れたので汚《きたな》い乞食体で出てくると思ったが、予想とは違って、色白で、こざっぱりとしていた。そして髪が長かった。長い髪は、女性特有の呪能のシンボルであって、中世の図絵に出てくる巫女はおしなべて髪が長い。

さらに一行を感激させたのは、その声のすばらしさであった。「声すべて似るものなく、そらに澄みのぼりてめでたくうたを歌ふ」とある。空に澄み上るような美しい声で、まさしく奥山の彼方に坐《いま》す聖なる神々にとどけとばかりに、「めでたい歌」を謡ったのであった。

シャーマンの呪能

このように山野河海を遍歴しながら、厳しい「旅の身空《みそら》」で生まれ育った女たちは、俗人にはない強い生命力を持つようになった。見下されないように常日ごろ努力し、この苦界でなんとか生き抜いていくパワーを身に付けていった。そこから非凡な才覚(知力のはたらき)と、男を「蕩《とろ》かす」霊妙で頑健な身体が生まれてくるのだ。それを象徴するのが「長い髪」と、たぐいまれなる「美しい声」であった。*1

高貴な家系で生まれ育った女たちは、俗塵を浴びることなく、深窓で手塩にかけて大事に育てられた。そういう高貴な女性には恵まれなかった天与の野性美を、風雪に耐えて雑草のように生きてきた遊女たちは、さすらいの旅で身に付けていった。

遊女たちは歌舞音曲の道に勤《いそ》しみ、ウタウ・カタル・マウ・オドル・トナエル・クルウなどの芸を能《よ》くしたが、これらはいずれもシャーマンの呪能に通じる業《わざ》であった。

これらの一連の所作によってさまざまの芸能が成り立つのであるが、その始源にあったのは「ウタウ」であった。自分たちの願いを神に祈る所作は、まずその思いを「声」に出すところから始まる。それに韻律が伴っていくと「歌」になる。また神が人に乗り移って語る神語《かみがた》りも、それに抑揚を付ければ節を伴った「語り物」になる。

私たち人間もその一員である哺乳類は、その喜怒哀楽の感情を、身体のさまざまな所作で表現するが、心を動かす対象が現れたとき、まず「声」を発して感応するところに特性がある。何よりもまず声であって、手や足など身振りによる感応はその後である。

マウ・オドルなどの身体所作は、歌に次いで起こるもので、世阿弥も「舞は、音声より出でずば感あるべからず」とズバリ言っている。その点では、遊女は何よりもまず「歌姫」として登場し、「美しい声の力によって、歌の巫女として聖なる存在そのものに飛翔」するという佐伯順子の指摘は的を射ている。（佐伯順子『遊女の文化史』中公新書、一九八七年）

＊1　そのものズバリ「髪長媛《ひめ》」の名が出てくるのは、『日本書紀』応神天皇十一年十月条である。媛は、日向地方の豪族だった諸県君牛諸井《もろがたのきみうしもろい》の娘で、「国色之秀者《かおすぐれたるひと》」として評判だった。「国色」は、その国で最も美しい女性のことである。

天皇はその噂を聞いて、はるばる都へ呼んで近くの里に安置《はべ》らしめた。だが皇子の大鷦鷯尊《おおさざきのみこと》（後の仁徳天皇）が、髪長媛の「其の形の美麗《かおよき》に感《め》でて」、いつしか「恋《しの》ぶ情《みこころ》」を抱くようになった。それを察知した天皇は皇子に媛を賜った。たぶん媛は父と子の両方に通じたのであるが、その頃では格別のことではなかった。なお父の牛諸井は、南九州の先住民だった「隼人」系と思われる。

貴人の「狂い」

神事《かみわざ》に通じる呪能の持ち主であったがゆえに、王朝貴族や武士の棟梁にとっては、すぐれた遊女たちの「性《さが》」は、ひときわ目立ったのではないか。遊女たちは、朝廷で定められた儀礼や貴人の館のしきたりに束縛されることなく、自由奔放に育った。それゆえに、その「性《セックス》」もあけっぴろげだったのではないか。その閨房の様子は貴人の想像を絶するもので、よほどその性愛《エロス》は光り輝いて感じられたのではないか。

貴人たちも、彼女らと寝所を共にすることによって、日ごろは体感することがない「クルウ」という最高の悦楽を実感したのであろう。この「狂う」も多義であるが、霊が憑《つ》いてデモーニッシュな様《さま》が原義であって、「物狂い」は霊が乗り移った神懸かりの状態をさす。

日頃は神と交わることのない生身の人間が、その身体感覚で神の降臨を実感して「神懸かり」になるのは、魅力ある異性（同性）との合一を体感する時である。寝所での遊女の歔欷《きょき》（声にならぬすすり泣き）や「善《よ》がり声」に、日常では聞くことのできぬ〈神の声〉を聞いたのではないか。

たぶん平安時代の頃でも同じだったと思うが、女はオーガズムの極致に達したときに、「死ぬ、死ぬ」とあられもない声で絶叫する。なぜエクスタシーの絶頂で「死」を口走るのか。

このことは後でみる「地母神《じぼしん》」信仰と深く関わっているのではないか、と私は考える。「地母神」は、大地に宿る生命力の神格化された女神であるが、その胎内（子宮）に死者の魂を迎え入れ、そこで魂は胎児となって再生すると信じられていたのである。この「死ぬ、死ぬ」は、精霊（精子？）を子宮内に呼び込む声であった。

ともかく高位の貴人と、身分の卑しい遊女が寝所を共にするのだ。そもそも「氏素性《うじすじょう》」の位相を異にする身体と精神が、あられもなく交り合うのだから、その閨房は、きわめて刺激的なクロス・カルチュラルな「場《トポス》」であった、と私は思う。

4　「遊行女婦」の巫女性をめぐって

戦陣に同伴した遊女

武士の棟梁たちもその戦陣に遊女を引き連れていた。『平家物語』（巻五）の富士川の戦いでの敗戦で、平家側がわれ先に逃げだした話はよく知られている。その条では、「その辺近き宿々より、遊君遊女ども召あつめ遊び酒宴しけるが、或は頭蹴破られ、或は腰骨折られて、喚き叫ぶこと夥《おびただ》し」とある。

陣中の酒宴に、遊女たちを近くの宿から召し集めていたのである。それだけではない。首実検のために、敵将の首を洗って鉄漿《かね》を含ませるなどの呪術的な役割をも務めさせたと伝えられている。敗走する平家の軍勢を、「街道宿々の遊君遊女」は「あな、忌《い》ま忌まし」（なんとあきれかえったことよ）と笑いあったという。*1

生死を賭けた戦陣に、なぜ遊女を引き連れていったのか。

むごたらしい殺戮《さつりく》をおこなう武士たちは、せめてもの一時の慰めとして、肉体的な快楽をむさぼろうとしたのか。遊女との戯れの場は、一時のオアシスにすぎないことはよく分かっていたが、性のエクスタシーによって、我を忘れようとしたのであろうか。

だが、それよりも、天与の呪力を秘めた女と肌を接触させることによって、生存の根源にある〈気〉を高めようと考えたのではないか。戦場での殺し合いは、人間の動物性がナマで露呈される場であった。

戦い終わった夜、白拍子の美しい歌や舞でわが身を慰め、その霊妙な体を抱くことによって、血に染まった身体を清めようとしたのではないか。彼女らの呪能をわが身に吸収し、疲れ果てた心身を賦活しようとする思いがあったのではないか。シャーマニズムでは、巫女の呪能は感染するとされていたのである。

＊1　遠征する軍団が遊女の群を同伴していたことは、古今東西の戦誌に数多く出ている。戦争軍団と遊女との関係には、比較文化史の視点から改めて掘り下げねばならない深い問題が内在している。

十一世紀末から十三世紀後半に至るまで、西欧諸国のキリスト教徒は七回にわたって、聖地エルサレム回復のためにパレスチナに遠征した。いわゆる「十字軍」であるが、その「聖なる遠征軍団」でさえ、遊女集団を引き連れていたのであった。

遊女への賤視と畏怖

遊女たちに対する貴人のまなざしには、矛盾した二つの要素が混在していた。そのことは、先にみた後白河院の「遊女」論にもうかがえる。「遊女《あそび》の類」は、「色を好みて、人の愛念を好み、歌を謡いても、よく聞かれんと思うにより、外に他念無くて、罪に沈みて、菩提の岸に到らん事を知らず」と院は述べている。

遊女たちは、「罪に沈んでしまって、よく成仏しようとも思っていない」と院が評したように、高貴な身分の人びとが、遊女の氏素性を卑賤視していたことは明らかである。だが、その一方では、そのような次元を超えて、並の人間にはない不思議な呪能が宿っていることを感知していたのである。つまり、賤視と畏怖の感情が複雑に入り組んでいたに違いない。

中世の時代では、「遊女」や「遊芸民」は、大まかに言えば租・庸・調を課せられている「良民＝公民」ではなくて、歌舞と色事で生きている「周縁の民」とみなされていた。中世後期では「非人」として総称されていた賤民層に類する者――そういう見方も根強くあった。（中世の賤民身分については、沖浦『「部落史」論争を読み解く』第

五章「『中世非人』をめぐる画期的な論争」参照）

しかし、遊女は、神々に祈念する巫女の系譜に連なり、特異な呪力を体内に秘めているとする見方も、なお色濃く残っていた。そうであったがゆえに、天皇や貴族も彼女らと交遊し性愛を共にしたのであった。その子を産むことも少なくなかった。

その問題を考える場合、私は遊女に冠せられた〈遊〉に注目すべきだと考えている。

「遊」の意味するもの

遊芸民・遊女・遊行者――いずれも「さすらい人」であったが、そこに付された〈遊〉には深い意味が内在していた。諸国を漂泊する遊芸民は、古くからの巫覡《ふげき》の末裔として、神事芸能にはなくてはならぬ存在だった。民間信仰の伝播者である念仏聖や山伏などの遊行者も、民衆の神事のおもな担い手であった。

今日では「あそび」は暇つぶしの娯楽、「遊行」は未見の地への観光旅行のようにみられているが、それはきわめて浅薄な理解である。

白川静の『字通』でみると、「遊」の原義は、「神霊の宿る旗を押し立てて歩き回る」意である。つまり「遊」は、もともとは漢字文化圏では、シャーマニズムに発した言葉であった。そこから「遊」には、「移動すること」「逍遥して楽しむこと」「自由な境涯を生きること」などの意味が派生したのであった。

大自然に坐《いま》す神々や精霊とじかに交信し、その力によって託宣・予言を行い、人々の願いを叶えるのがシャーマンの役目だった。神々と交わる際には、さまざまの衣装や化粧で身をやつし変化《へんげ》した。そしてカタル・マウ・オドル・ウタウなどの所作によって神霊を招き寄せた。その極致が「クルウ」だったが、それは神霊が憑依《ひょうい》した瞬間だった。

この〈遊〉の字が冠せられた人びとは、いずれも神遊びとしてのパフォーマンスを得意とした。定住農耕民と違って、各地の山野河海を漂泊することによって、ある種の呪力というか、俗人にはないパワーを身に帯びていた。先史時代のアニミズムの段階では、「誕生―死―再生」を含めて、人間の命運は、大自然の精霊《アニマ》がつかさどっているとみられていたのであるが、巫女→遊女はそのような流れの中で生きてきたのであった。

大自然の神々と「地母神」信仰

シャーマンが民間信仰の最前線で活躍していた時代では、自然界と人間界は連続していると考えられていた。人間の生命には、みなそれなりの寿命があり、それぞれの命運は、四季の循環のように自然の神々によって、あらかじめ定められているとみられていた。

そういうアニミズムの思想がまだ根強く残っていた古代・中世の時代では、日・月・星がめぐる天を仰ぎ見ながら、海・山・川・森を歩く「さすらい人」は、大自然の精霊《アニマ》にじかに接する機会が多かった。それゆえに漂泊民は、定住民にはない呪力を身に帯びることができると考えられていた。

特に深い森に覆われた山々が多く、清冽な河川に恵まれ、周りが海で取り囲まれているこの列島の風土では、そのような思想が広く培われていった。

大自然の神々の中でも、とりわけ人びとに親しまれたのは「地母神」であった。万物を産み出す母なる大地の神、多産と豊穣をもたらす女神であり、シャーマンが活躍した先史時代において、世界各地で普遍的にみられる信仰だった。地母神をさまざまに擬人化した偶像が各地から発掘されているが、裸形の生殖器官をシンボルとする石器・土器が多い。

この列島の縄文時代もその例外ではなかった。

「地母神」信仰は、記紀神話のあちこちにちりばめられている。仏教が前面に出てきた平安朝でも、まだその影響は民衆社会に残っていた。*1

その「地母神」の原像が、才色共にすぐれた遊女と二重写しになって、中世の貴人には見えたのではないか。遊女に子を産ませた天皇にしても、そういう想いを頭のどこかに抱いていたのだろう。『更級日記』で足柄山から現れた三人の遊女も、そのような影を漂わせていた。

＊1　山・森・川が多く海に囲まれたこの列島では、「唯一絶対神」が天地を創り出すという創世神話は生まれなかった。「大自然に坐すさまざまの神々」、すなわち「八百万《やおよろず》の神」が、万物を創造したという形をとっている。多種多様な神々が現れる記紀神話では、混沌から大地が化成し、その泥の中から次々に万物の生命が芽生えた。

先にみたイザナギは天神的性格を、イザナミは地神的性格を持っていた。「天地」化成に次いで、「男女の性交」によって国が生まれたとされている。特にイザナミはその排泄物から土地の神・水の神・穀物の神々を産み、また月に深い関わりがあって、死者の魂が住む黄泉の国を支配していた。このように辿ってみると、イザナミに「地母神」の原像が見えてくる。

シャーマン集団だった「遊部」と「遊行女婦」

史料的にはその実態を明らかにする記録はほとんど残されていないが、古代に

「遊部《あそびべ》」という集団があった。「遊部」は古代の職業部の一つで、五来重《ごらいしげる》が指摘しているようにシャーマン系の巫女集団であったと思われる。（五来重『葬と供養』東方出版、一九九二年）

その起源もはっきりしない。私の勝手な想像からすれば、たぶん縄文時代から、各地にいた土着のシャーマン系と、弥生時代以降に渡来してきた道教系の巫覡《ふげき》集団の二系列があった。そして古墳時代の頃には、両者が習合し、その一部が「遊部」として大和王朝に抱えられたのだろう。

猿女《さるめ》氏と称する古代氏族がいたことは『記』『紀』にも出てくるが、大嘗《だいじょう》祭や鎮魂祭など朝廷の重要な神事の際には、神楽《かぐら》の舞を奉仕する「猿女」と呼ばれる女性を貢進した。

その祖は、アマテラスオ

呪力を持つ巫女（『七十一番職人歌合』）

オミカミの岩屋戸隠《こも》りの際に、陰《ほと》を丸出しにして踊って、アマテラスを岩屋の外に招き出したアマノウズメノミコトとされている。このような伝承からみても、「猿女」の集団は女系相続だったと推測されるが、彼女らは大自然の精霊とじかに接することによって、トランス状態になって神の声を聴き、それを告げる呪能を持っていたのであろう。

「地母神」信仰が強い先史時代では、決して「性」を隠さなかった。縄文期の土偶に見られるように、特に女陰は神秘的な生産力の根源とされ、「陰陽の合一」こそ万物生成の原理とされていた。女性の〈聖〉性は、子宮を中心とした「性」そのものにあった。*1*2

ここではあまり深入りできなかったが、先史時代からのアニミズムを根幹とする「地母神」信仰の視点から、私は遊女の〈聖〉を考えてみたい。なぜ女性は男性にはない聖性を身に潜めていたのか。毎月のように月経があり、男と交わることによって、その内膜に受精卵が着床し子宮で胎児の発育が行われる。そのような神秘的な「性」の営みに、太古の人びとは神霊がもたらす〈聖〉性を感じていたのである。

＊1　網野善彦は、遊女論の原論にまで及んでいるわけではないが、「性」そのものを「聖なるもの」として、「好色」を芸能とする「女性能集団」として遊女を規定した。（網野善彦『中世の非人と遊女』明石書店、一九九四年）。その指摘はその通りである。だが、そのような聖性が何に由来するのかという根本問題については解明されていない。

宮廷に入った遊女たちは、「聖なる」天皇と結び付くことによって「聖別」された身になったわけではない。その点では、天皇の〈聖〉性そのものに深く切り込まないままに、天皇に直属する職能民を一種の「聖別」された集団とみなす網野善彦の所説には賛成できない。その政治的な衣《ころも》を一皮剝げば、俗人と五十歩百歩である天皇に、他者に聖性を付与するような宗教的呪力はない。元を正せば、肉体も精神も只《ただ》のヒトにすぎない。そのことを肌身で感じていたのは、後宮に出入りする天皇・法皇をじかに見ていた人たちだった。法皇を流罪にした武家も、自分たちと同じヒトと見ていたに違いない。

覇権を握った集団の中で、ある特定の血統が「聖なる者」として推されたとしても、それはかりそめのカリスマにすぎない。その支配権力が失われれば、その聖性はたちまち崩壊する。自然界に哺乳類の一員として生きるヒトに、〈聖〉性を付与するものがあるとするならば、それは大自然の神々である。

＊2　私はむしろ、後白河院のように深く学んだ院は、周りから「法皇」と呼ばれても、自らの「聖性」そのものに疑問を感じていたのではないかと思う。

これは現世に存在したすべての王権について言えるのだが、いかに宗教的な装いを凝《こ》らしても、その聖性の根源となる王のカリスマ性は、神賦のものではない。さまざまの儀礼や法体制によって支えられてはいるが、自らの〈聖〉性が人為的かつ政治的に構築されていることは、鋭敏な王であればあるほど、そのことを意識していたと思う。自分が浄土へ行くことを念じていた後白河院の『梁塵秘抄口伝』は、まさに人の世の情理に通じた孤高の王の独白として読むことができる。

今日でも、徒歩で熊野三所権現を巡拝することは容易ではない。今から八百年も前に、多くの供を引き連れていたとしても、三十回余も熊野へ詣でることは、よほどの決意がないとできない難行だった。それを敢行した後白河や後鳥羽は、この苦行によって神仏の加護を得て、今わの際《きわ》には、ひとりの人間として往生したいと願っていたのである。

『万葉集』にみる「遊行女婦」

「遊部」は、シャーマニズムの霊魂観に基づいて葬送儀礼に従事したが、『令集解《りようのしゆうげ》』には、「遊部は幽顕境を隔て、凶癘魂《きようれい》を鎮《しず》める氏なり」と規定される。死ねばその魂は冥土へ行くのだが、この世の周辺をさまよって悪霊になりかねない魂を鎮める呪術を行ったのである。

殯《もがり》に供奉《ぐぶ》する遊部は、ひとりが刀を負い戈《ほこ》を持ち、もう一人がやはり刀を負い酒食を奉って捧げた。戈を手に歌舞し、酒食を奉って、さまよえる放浪魂や怨霊《おんりよう》を鎮めたのだろう。

「猿女」は、このような巫女系の集団でありながら、勇ましい姿で男装していたのである。この男装の意味するものを改めて考え直す必要がある。

だが律令体制の時代に入って、儒仏を取り混ぜた喪葬令が成立すると、シャーマニズムに基づく霊魂観はしだいに希薄になっていった。そうなってくると、鎮魂の秘儀もその出所がなくなり、「遊部」は葬列を見送る歌舞集団へと変質していった。『万葉集』に「遊行女婦《あそびめ》」が出てくる。この「あそびめ」は、もともと巫女の出であって、その源流は職業部の「遊部」に属していた女性であろうと、折口信夫や中山太郎などの民俗学者が推論した。私もそう思うのだが、それを裏付ける史料は残されていない。

しかし、「遊部」に属していない民間系の巫覡《ふげき》（シャーマン）も各地にいたのである。その源流は明らかではないが、名もなき民のために鎮魂や招魂の儀礼に従事していた。中世の遊女も、そのような系譜の中から生まれてきた遊芸民であったと思われるが、確かなことは分からない。もともと神社に仕えていた巫女の出もいたのだが、彼女らはウタウ・マウ・オドルが得意だった。そこへさまざまな周縁の民が流れ込んできて、やがて「遊女」と呼ばれる集団を形成し、江口・神崎・青墓・室津などの遊里にたむろするようになった。

女の〈聖〉性の消滅と男舞

先にみたように白拍子は男装していた。男子が成人した徴《しるし》である烏帽子を被り、腰に白鞘《しろざや》巻の刀を差していた。なぜ男に変化《へんげ》していたのか。

この問題について細川涼一は、次のように推論する。「中世の顕密仏教によって展開された女人禁制という女性を疎外することで聖域を保とうとした論理」に対して、「男装をすることで性別越境し、女人禁制の場を侵犯することができるとする論理」が、中世の女性たちの間にあったのではないか。そして例証として、白拍子の静《しずか》が、義経と共に女人禁制の大峰山を突破しようとした史実を挙げる。（細川涼一『漂泊の日本中世』第一章、ちくま学芸文庫、二〇〇二年）

その指摘には異論はないが、私はもう少しスパンを拡げて考えるべきだと思う。先にみたように古代の「遊部」は、殯所《もがりどころ》に奉仕して刀や戈を用いて鎮魂呪術を行っていた。「茅纏《ちまき》のほこ」を持って鎮魂の「俳優《わざおき》」を舞ったアマノウズメが、彼女ら遊部の祖とされた。

この神話によって、この女神が芸能の始祖とされ、アマノウズメから「猿女」へと伝わる巫女の系譜があったのだが、彼女らも刀や戈を用いていたのである。

アマノウズメのような女神や、ちょっと飛躍するが邪馬台国の女王卑弥呼が活躍した時代では、女性シャーマンが大自然の神々と交感できる「聖なる存在」とみなされていた。アジア一円では、山の神や海の神も女性とする神話が少なくない。女性の

〈聖〉性が広く認められていたのである。

しかし、律令制による古代国家の段階に入ると、中国大陸から儒教的な男性優位思想が持ち込まれてきて、女性は国家権力の中枢から疎外されるようになった。それとともに、女性の〈聖〉性はしだいに消滅していった。

「変成男子」の思想

そのことはまた、この列島に特有のアニミズム信仰が、しだいに民衆社会から消えていったことと相即していたのではないか。「山の神」信仰の修験道も、その頃から真言・天台の密教系の支配下に入り、人びとが山や森にみた原初の精霊《アニマ》信仰は姿を消していく。

それどころか、ヒンドゥー教の穢れ観念が色濃く投影されている密教的仏教が朝廷によって受容されるにつれて、女性の「性」を不浄視するケガレ思想が法制化されるようになった。（この項については、宮田登・沖浦『ケガレ——差別思想の深層』解放出版社、一九九九年を参照）

男舞の系譜は、「遊部」の猿女→白拍子→出雲阿国というように、絶えることなく受け継がれていった。そのような男装による歌舞の背景には、しだいに失われていった女性の〈聖〉性喪失という問題が絡んでいた、と私は考える。

もう一つ指摘しておかねばならないのは、密教系仏教の説く〈死〉〈産〉〈血〉の三不浄を否定して、「一切衆生・平等往生」を説いた法然の教説だった。法然は女性も浄土へ往生できると考えた。だが、その法然も、女人がそのままで往生できるとは考えていなかった。

五障・三従の身で煩悩深重とされた女人は、女のままでは浄土に往生することはできないとみられていた。国家鎮護を第一義とする平安貴族仏教の根幹を衝《つ》いた革新的な法然にしても、そのような時代的限界を身に被っていた。

そこで、一度はその姿を男に変えること、すなわち「変成男子《へんじようなんし》」という迂回路を通って女性も往生できると、法然は考えたのであった。そういう「変成男子」の思想も、この白拍子や出雲阿国の「男舞」には投影されていたのではないか。

『閑吟集』の「人買い船」

時代が進んで室町後期の戦国時代に入ると、戦乱が各地で続いた。自然災害や疫病の流行も重なって、多くの民が窮乏に苦しんだ。貧困ゆえにわが子を人買いに売る親も増え、その中には遊女として売られていった者もいたであろう。

『閑吟集』は、永正十五（一五一八）年に成立した歌集で、民衆の間でうたわれていた小唄・俗謡を集成した本である。連歌師の柴屋軒宗長《さいおくけんそうちょう》の編とする説が有力だが、転写本が残るだけで原本は存在しないので、確かなことは分からない。その中に次の二首がある。

人買ひ舟は沖を漕ぐ　とても売らるる身を　ただ静かに漕げよ　船頭殿

ここはどこ　石原峠の坂の下　足痛やなう　駄賃馬に乗りたやなう　殿なう

第一首は、人買い船に乗せられて売られていく哀れな少女の身を案じた悲しい歌である。第二首は「殿よ」と呼びかけているが、その殿を誰とみるかによって、解釈がいろいろ分かれる。石原峠は関ヶ原の山中にある険しい峠であるが、東国から都へ売られていく少女が足を痛めて人買主に駄賃馬をねだっている、その悲しい声を聞いて詠んだ歌とみることもできる。

呪力が宿る遊里

漂泊していた遊女たちも、時代が進むにつれて海や川沿いの宿、人通りの多い辻がある市や駅、そして神仏の坐す寺社の周辺に定着していった。それらの地点は、平安時代では、江口・神崎、室津や青墓のように、ある種の「呪力が宿っている場」とみなされていた。

あとでみるように、近世の遊廓もこれらの地に設けられた。特に有名な寺社の周辺が多かった。そのことは、たんに参詣人がたくさん訪れるという地誌的な特性だけでは語れない。巫女→遊女が本来的に持っていた呪術性が、その「場」に絡んでいたのであった。

しかし中世も後期になると、その地に定着した遊女は、まだ巫女の呪能をどこかにとどめている「遊行女婦《あそびめ》」ではなくて、媚びを売る「浮かれ女」としてみられるようになっていった。

朝廷貴族も衰微して、かつての白拍子などもしだいに巫女性を失っていった。彼女らが歴史のハレ舞台から消えるとともに、傾城・立君・辻君・橋君などと呼ばれる娼婦が増えていった。特に路傍で性を売る女がさげすみの目で見られて、その行為が売春と呼ばれて〈賤〉の領域に追いやられるようになっていった。

だが、それでもなお、原初の頃の「遊行女婦」が持っていたある種の呪力は、すぐれた遊女にはまだ付着しているとみられていた。

江戸時代初期の吉原遊廓で、遊女の最高位とされた太夫《たゆう》たちは、必読書として座敷に『源氏物語』を備え、和歌や俳句をたしなみ、歌舞音曲に通じていた。大夫《たいふ》は、もともとは律令制の職《しき》・坊の長官だったが、「たゆう」と呼んで芸能集団の長を指すようになり、さらに転じて最もすぐれた遊女の呼称となった。

彼女たちは、高位の貴人や公達《きんだち》の相手となった中世の遊女たちの面影を、そのままではないにせよ、どこかにまだ残していた。近世初期の頃では、公認の遊廓の遊女たちは、男にとっては、まだ理想型女性の面影を宿していたのであった。

このような遊女に対する想いは、実は明治維新後もそのまま引き継がれていたのであった。維新の元勲の中で、「芸者」を自らの妻にした者は決して少なくなかった。そしてそのことを、世間的に隠すこともなかったのである。

第四章

「制外者」と呼ばれた遊女と役者

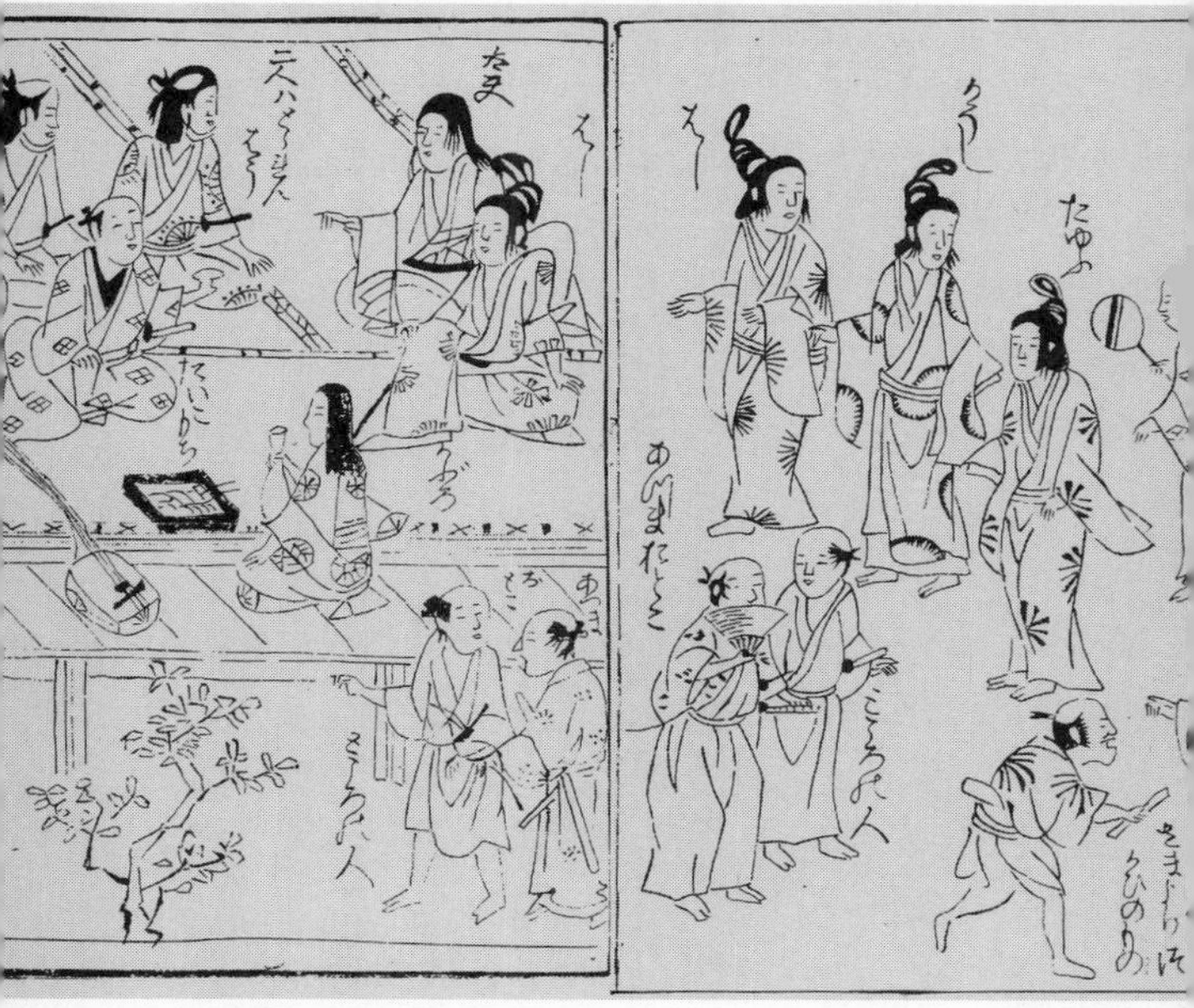

元吉原の遊女たち（『燕石十種』）

1　戦国期からの「河原者」の進出

身分制度と「制外者」

近世に入って、どのような経過をたどって「悪所」が形成されていったのか。三都を中心に、公娼制度としての「遊廓」の成立史をたどってみよう。

遊里で働く遊女や芝居町で活躍する役者は、江戸時代では「制外者」と呼ばれていた。この「制外」は、一般的には「制度外」の意である。この場合は、百姓・町人など平人（平民）に属さない周縁の民を指した。

「制外者」は、「にんがい者《もの》」とも読まれていた。その意は「人外」であって、人倫の理に背《そむ》いていること、儒教的に言えば、人と人とのあるべき社会秩序から外れていることを意味した。

「制外者」が活躍する遊里と芝居町は、人倫を乱し公《おおやけ》が定めた規範から外れた「場」とみなされていた。そして、そこを生活の場とする者は、賤民に類する者として卑賤視された。

しかし、この悪所の〈悪〉には、平俗な倫理の次元ではとらえられない深い意味が含まれていたのである。そしてこの〈悪〉は、《貴・賤》や《浄・穢》に基づく身分体系とも複雑に絡んだ複合観念だった。

もちろん、〈悪〉―〈賤〉―〈穢〉の三つは、それぞれ発生起源が異なり、価値体系も異なる観念なのだが、「悪所」問題においては、密接不離な連環関係を形成していたのである。

そこまで立ち入って〈悪〉の意味するものを考えなければ、「悪所」の文化史的位置づけを明確にすることはできない。あとでみるように「悪所」は、武家の儒教的倫理を切り崩し、民衆の反体制的エネルギーの発揚の場へしだいに転化していったのだが、その潜勢力の根底にあるものを探り出すためには、もう一歩踏み込んで論じなければならない。

なぜかと言えば、「悪所」の形成は、室町期から近世初頭へかけての賤民の社会的進出と深く関わっていたからである。この「悪所」には〈賤〉と〈穢〉が色濃く刻印され、猥雑で混沌としたエネルギーを内蔵していた。それゆえに、この「悪所」は、時代の進展につれて、既成の秩序を攪乱する新たな「場《トポス》」へと転生していったのであった。

ケガレとキヨメ

その問題を考える際に、まず視野に入れておかねばならないのは、第二章でみた室町期の「河原者」系の集団が、各地でその勢力をしだいに伸張させていったことである。

その頃の河原者の多くは、水利に恵まれ、流木が流れ着き、空き地が多い河原に住んでいた。その場的な特性を活かして、斃牛馬の処理・皮革製造・さまざまの細工・染色・土木工事などを得意とした。貴族の館や寺社に出入りして、清目《きよめ》・清掃・警固・刑吏などの下役を担う者も出てきた。下克上の戦国時代に入ると、武士の被官として活躍する者も出てきた。

その中から、善阿弥のように「山水《せんずい》河原者」と呼ばれた作庭家が現れた。今日では国宝になっている京都の龍安《りようあん》寺の石庭も、彼らの一党が創造した名庭園の一つとされている。庭園設計の技能は、方位をはじめ陰陽道の奥義《おうぎ》と深く関わっていた。彼らは陰陽道にも通じ、貴人からもその技能は高く評価されていた。

河原はまた、古い時代から死者の埋葬地だった。貴種の家系は立派な墳墓に埋葬されたが、名もなき民衆は河原や山野に葬られた。〈死〉と賤民との関わり方は、時代と地域によって多様であったと思われるが、河原に住んで葬送と関わる者は、常に死霊と接していた。それゆえに、一方では死穢によってケガレが身についているとされたが、他方では死者の魂を鎮める呪術性が身にそなわっているとみなされた。九六七年に施行された『延喜式』にあるように、甲穢→乙穢→丙穢とケガレが伝染するという思想は、平安期の貴族社会では通念となっていた。そして〈ケガレ－キヨメ〉のシステムが、王都と畿内を中心にしだいに制度化されていった。

王都でそれを主管していたのは検非違使《けびいし》だった。ケガレの発現体である穢物除去に動員されたのが、河原者・犬神人《いぬじにん》・三昧聖《さんまいひじり》などだった。その検非違使が、室町期に入ると遊里の管理も担当していたのであった。

死をケガレとする朝廷の定《さだめ》を遵守する考え方は、平安期の頃は貴族社会にとどまっていたが、室町期に入るとしだいに民衆の間にも広がっていった。河原などの埋葬地に住む者は、ケガレに汚染されている者として同火・接触も忌避されるようになった。（沖浦『「部落史」論争を読み解く』第六章「不殺生戒とケガレ観念」参照）

〈死〉〈産〉〈血〉の三不浄

しかし、絶えず戦乱と飢餓の危険にさらされていた民衆は、〈死〉〈産〉〈血〉の三不浄の戒律を守っていては、到底生きていけなかった。不殺戒を守るどころか、獣肉でも何でも手に入れば喜んで食べたのであった。極度にケガレを怖れたのは、貴顕《きけん》の身分だった。

民衆の目からすれば、河原で死者の魂を鎮送し、その霊が疫神とならないように見守り、現世と死者の世界の橋渡しをしてくれる河原者は、平人にはない呪力を身にそなえている異能者であった。彼らは町や村の外れの境界領域に住んでいるので卑賤視されていたが、民衆はある種の畏怖の念もこめて、河原者に接していたのであった。

室町期から戦国時代にかけては、各地方によって状況が異なるので画一的には言えないが、これらの「かわらもの」も、在地社会では、不浄の民として交わりを絶たれていたわけではなかった。あの血なまぐさい戦乱の大動乱期にあっては、ケガレを気にしていては生きていけなかった。死や血のケガレを身に浴びていたのは、むしろ戦国の覇者となった武士であることを民衆は知っていた。

近世に入ると、河原者は賤民制の中に組み込まれていくが、近世初頭の頃は同じ村落共同体の中で共存し、その地域で一定の役割を担っていたのである。彼らが居住区や職分において「穢多」とされて、強い差別を受けるようになるのは、十七世紀の中葉以降である。

もう一つ特記しておかねばならないのは、河原者系の芸能への進出である。室町期から、その一部は遊行芸能に従事していた。口承芸能だった「説経節」も、そのかなりの部分は彼ら下層民の手になったと考えられている。

近世における「悪所」の制度化は、文化史のレベルでの賤民層の進出と表裏一体の関係にあった。京都の四条河原に代表されるように、河原者が「芝居町」の形成と関わっていたことは第二章で述べた。私は「遊里」の形成においても、なんらかの形で賤民集団が関わっていたと考える。河原者を媒介項として、その深部では、遊里と芝居町は通底していたのであった。

「弾左衛門由緒書」と傾城屋

ここで少し先回りして、近世賤民制の制度化と「悪所」問題の一端に触れておこう。浅草に住む江戸の穢多頭（長吏頭）・弾左衛門は、㈠正徳五（一七一五）年、㈡享保四（一七一九）年、㈢享保十（一七二五）年――この三回にわたって、上司である町奉行の命で、『弾左衛門由緒書《ゆいしょがき》』を幕府に差し出した。そこには自らの家系の由来と、賤民として担ってきた「役」の職能が具体的に記されていた。（盛田嘉徳『河原巻物』法政大学出版局、一九七八年。脇田修『河原巻物の世界』東京大学出版会、一九九一年）

弾左衛門の支配圏は、その大半が徳川家領国である関東八カ国と、伊豆・陸奥・甲斐・駿河の一部に及んでいた。その地の「穢多」をはじめ、「非人」「猿飼」などもその支配下に置いていた。特に第三の由緒書は、穢多頭が非人頭をも支配することが確定した直後に、非人頭の車善七・品川松右衛門の由緒書と相前後して提出された。

この文書では、その支配下にある二十八の職種が記されているが、「舞々」「猿楽」「獅子舞」「傀儡師」など芸能に関わる多くの職種が挙げられている。そして注目すべきは、その最後に「傾城屋」が穢多支配下とされていたことである。

末尾に治承四（一一八〇）年の日付と源頼朝の印を押したこの由緒書が、虚実を織り交ぜた虚構の作文であることは否定できないが、奉行所に提出する文書であるから、実態を無視して誇大に書けば、たちまちその真偽を問われることは目に見えていた。

近世身分制社会の特徴は、それぞれの身分ごとに「生業」と「役」負担が定められていることだった。生業・役負担の範囲をめぐって、平人身分や賤民の他集団との間でさまざまの相論訴訟が実際に起きたのだが、その際に裁判の資料として用いられることも十分に考えられた。

特に賤民に関するきっちりした成文法はまだなかった時代だったから、この由緒書は慣習法としてもそれなりに重要な意味を持っていた。そのことを弾左衛門の側も十分に心得ていた。

「くつわ亡八」

さらに強調しておかねばならないのは、「傾城屋」と俗称された妓楼の経営者が、賤民と同じように卑賤視されていたことである。近世初期の頃では、彼らは「轡《くつわ》屋」「忘八《ぼうはち》」と呼ばれていたのである。[*1]
楼主は旧来の町方組織に入ることは認められず、事実上平民身分から排除されていた。いかに富裕になっても、その子女の婚姻の際には仲間内に配偶者を求めるしかなかった。
さて、元吉原遊廓の公許を願い出たのは、小田原征伐で滅んだ後北条《ごほうじょう》氏の家臣と称した庄司甚右衛門である。町奉行の島田弾正が、その甚右衛門に、傾城屋をなぜ「轡」と呼ぶのかと訊ねたことがあった。その答えは次のようだった。
京都の六条柳町で遊女屋を経営していた浪人原三郎左衛門は、もとは豊臣秀吉公の御馬の口取りだった。その出身を知っている若侍衆は、遊女屋へ通うことを「轡が所へ往く」と言うようになった。轡は馬の口にくわえさせて手綱を御する馬具である。
この話は『異本洞房語園《どうぼうごえん》』などに紹介されて、よく知られた話だった。喜田川守貞の『近世風俗志』(第十九篇)では、今は楼主を「轡」とは呼ばず、「くつわ亡八《ぼうはち》」と俗称されていると指摘している。[*2]
「亡八」とは何か。儒教では、「仁」「義」「礼」「智」「忠」「信」「孝」「悌《てい》」の八つを失った者、すなわち人倫を踏み外した者を指した。遊女を抱える楼主も、制外者とみなされていたのである。ただ喜田川守貞は、これらの説はいずれも無理なこじつけであると断じている。

*1 西欧諸国においても、十八世紀の産業革命の時代から近代都市が興隆し、その一部に遊女が集住するようになった。下層階層の子女から娼婦になる者が多かったが、個人レベルでの売春そのものの根絶は不可能とみて、登録制による公認政策に踏み切った。
つまり各国で公娼制が実施されたのであるが、宗教的に罪悪視されたのは、娼婦そのものよりも、売淫行為をビジネスとし、それで財を成した売春管理業者だった。もちろん娼婦も卑賤視されていたが、それよりも楼主が社会的指弾の矢面に立たされた。

ヘロドトスの『歴史』（第一巻）で描かれているように売春の歴史は古く、古代ギリシャやローマでも遊里があった。淫売婦を社会的に排除しても簡単に一掃できるものではなく、その根は深いと観念されていた。比較宗教史の視座からみても、バビロンの神殿売春やインドの聖娼など解明すべき重大な問題が伏在しているが、それらの問題については稿を改めて論じることにする。

＊2　『異本洞房語園』は、吉原遊廓の開祖である庄司甚右衛門の六代目の子孫だった庄司勝富が享保五（一七二〇）年に刊行した。勝富は俳諧にもすぐれた文人だったので、この本は遊女の起源や吉原の歴史に関する最も早い解説書として珍重されていた。その全文は蘇武緑郎編『吉原風俗資料』（文芸資料研究会、一九三〇年）に収録されている。

なお「傾城屋」の社会的地位についての先見的研究は、中山太郎の『売笑三千年史』である。その第七章では多くの史料を引用して「遊女屋の社会的位置」について論じている。

浪人者で治安維持

三都での遊廓の設置には、主君が豊臣方であったゆえに流浪の身となった浪人者が、かなり関わっていたようである。どこまで本当なのかよく分からないが、大坂新町遊廓の町年寄を務めた木村又二郎も、豊臣方の浪人だったとされている。いずれにしても、彼らの氏素性を明らかにする確実な史料があるわけではない。

戦国の下克上の時代では、律令制以来の身分制は実質的には解体し、戸籍制もなかった。戦国大名の多くは、その家系図を偽造して、貴種を祖とした由緒書を作成していた。徳川氏もその例外ではなく、源氏の血筋であると詐称していたことはよく知られている。ましてや一介の浪人者の素性など分かるわけがない。

関ヶ原の戦いで敗れた西軍に与していた大名の多くは、領地を召し上げられ、家臣は四散した。職を失った浪人者が、多くの金が流れ込む遊里に目を付けて、最初は居候や用心棒をやりながら、そこで一旗揚げようとしたことは十分考えられる。

遊里はまた、流人・欠落人・お尋ね者などの格好の潜伏場となった。そして金や女にからむ喧嘩刃傷沙汰の多い場所だったから、遊女を抱える経営者は、治安維持のためにも屈強な見張番、警固役を必要としたのであった。

その点では、遊里の発生史の初期、すなわち中世後期の頃から、警固役を担っていた賤民層となんらかの関わりがあったと考えられる。寄る辺のない遊女集団も、戦国の乱世を生き抜いていくためには、やはり身辺を守ってくれる屈強な男衆が頼みだった。しかしそのことを明らかにする史料は何も残されていない。

近世に入って「悪所」が賤民居住区の旦那場の近辺に設置されたことを考え合わせると、かなり以前から賤民層との関わりがあったのではないか、と推定される。賤民層の出で遊里で働くようになった女性もかなりいたであろう。

遊女はなんらかの芸を身に付けていた。特に評判をとったのは「三味線」を用いた新しい歌唱だった。三味線は、猫皮を張った胴に棹《さお》を付け、三弦を張った新楽器で、江戸時代に入ってからは遊里を中心に大流行した。そのように楽器製造にすぐれた賤民層と遊里とは、芸能の分野でも深い関わりがあった。

2　江戸幕府と近世賤民制

政治的大転換期としての寛永年間

「悪所」の成立は、〈賤〉と〈穢〉の観念に深く関わっていると本章の冒頭で述べたが、ここではまず近世初頭における幕府の賤民政策について、簡単に要点を述べておこう。

慶長五（一六〇〇）年の関ヶ原の戦いに勝利した徳川家康は、三年後には征夷大将軍となって江戸幕府を開き、諸大名との間に主従関係を成立させた。そして、「禁中並公家諸法度」「武家諸法度」「寺院法度」を相次いで公布した。この三大法度によって公儀の威光を示し、朝廷や寺社の権門勢家に対する新政権の基本姿勢を明らかにした。

しかし、江戸幕府が全国を完全に支配する安定政権となるためには、なお三十余年の歳月が必要だった。慶長から寛永に至る期間は、まだまだ流動的な過渡期だった。三代将軍家光の時代になって、幕府の各種法令や統治制度の整備が着々と進められ、寛永年間（一六二四〜一六四四）に至って、ようやく幕藩体制の基礎固めが一段落した。キリシタン禁教を軸として、幕府が外交関係と貿易を独占的に管理するいわゆる鎖国体制が成立したのも、この寛永年間だった。

寛永十九（一六四二）年からの大飢饉をきっかけに、幕府は大々的に農村調査を実施し、農村経営の抜本的な見直しに着手した。明治期に入ってからの町村制の母体となった村や町が、全国的に形成されたのもこの頃だった。参勤交代が制度化されて百万都市大江戸の原形が完成し、近世社会の全体像が誰の目にも見えるようになったのも一六四〇年代だった。

寛永中期から、幕府直轄地をはじめ、各地で「吉利支丹宗旨《しゅうし》改《あらため》」が実施された。ごく少数の隠れキリシタンを除いて、キリスト教の影響力が一掃されていたにもかかわらず、「天草・島原の乱」後にさらに強化され、寛文年間（一六六一〜一六七三）には「宗門人別《しゅうもんにんべつ》改帳《あらためちょう》」として全国的に制度化された。すべての個人の宗旨を申告させて、それを実質的な戸籍帳とする制度ができあがっていった。このようにして世界史上でも類例のない、宗教統制と人別把握を合体させた身分管理システムを完成させていった。

重視されなかった賤民対策

近世初頭の頃は、各藩の賤民対策について、幕府がいちいち指示したわけではない。賤民層の身分的位置づけや呼称、その統制の仕方や課役については、各藩の自治にまかされていた。つまり幕府は、賤民政策についてはさほど重視していなかった。その理由は次のように考えられる。

第一に、何よりも政権の政治的安定を目ざしていたので、反徳川の残存勢力を念頭において各地方の外様大名の統制に意を注いでいた。

第二に、国家経営の根幹である農民層の統治、すなわち農業生産力の上昇と、米の生産を経済の中心とする石高《こくだか》制の確立に重点をおいていた。

第三に、対外的には西欧諸国との通交、朱印船による海外交易など、緊急に解決すべき国際的課題が山積みしていた。注目すべきは、ポルトガル・スペインのカトリック諸国との交易を打ち切って、最も先進的なプロテスタント国のオランダに切り替えたことである。(このような外交政策転換の社会思想史的意味は、あまり指摘されていないが、きわめて重要である。)

第四に、百姓・町人の人口と比べると、賤民層の絶対数が少なく、全国各地に散在している賤民層の社会的状況について、幕府は十分に実情を把握していなかった。幕府が賤民層の存在を改めて認識して、その対策について深い関心を示すようになるのは、諸藩に宗門 改《あらため》役《やく》の設置を命じ、全国的に「宗門人別改帳」が制度化された寛文年間に入る頃からである。

第五に、賤民差別思想が流布する大きな契機となったのは、五代将軍綱吉による一連の法規制であった。「生類憐れみの令」の公布と、〈死〉〈産〉〈血〉の三不浄と服喪に関する「服忌令《ぶっきれい》」の制定であった。

元禄から宝永期にかけて、歌舞伎や人形浄瑠璃などの河原者芸能が大流行となった。そうなってくると、賤視されていた芸能者の間でも、「河原者→穢多」系列の支配権・興行権をめぐって身分的紛争がよく起こるようになった。幕府が宝永五(一七〇八)年に、穢多頭・弾左衛門側の敗訴を決定した「勝扇子《かちおうぎ》」事件については後述するが、このことも無視できない。

「穢多」「非人」の統一呼称でもって、賤民政策が急ピッチで全国的に制度化されていくのは「享保改革」以降である。

賤民制の制度化と「穢多」「非人」

幕府だけではなく地方の諸大名にしても、近世初頭の頃は、各地に散在する賤民層の掌握について、はっきりした政策意識を共有していなかった。しかし寛永年間から、そのような認識はしだいに変わり始めた。そして元禄期から享保期にかけて、賤民対策は幕政上でも無視できない問題として浮上してきた。

そのような状況の変化にはいくつかの要因があった。私なりにまとめておこう。

第一は、各藩における「役《やく》」の体系の近世的な確立とともに、清目役・警固役・行刑役など中世以来の賤民層の「役」負担についても見直され、賤民統括のシステムも整備されるようになったことである。しかしその場合でも各藩によってかなりの異同があった。

第二は、各地方に散在していた賤民層の人口が増大し、その集住が進んだ。戦国時代からの「旦那場」の権益を中心に、独自のネットワークを作り上げていった。江戸や京都にみられるように、地方によっては頭《かしら》支配のもとでの組織的動きをみせ始めた。

第三は、戦国時代の終焉とともに一時停滞していた皮革への需要が、消費経済の拡大につれて急増してきた。この皮革生産を中心として、「かわや」「かわた」「さいく」「えた」と呼ばれていた河原者系の集団をどのように統制していくかという問題が浮上してきた。

第四は、遊里を中心とした「悪所」の隆盛である。特に元禄期の歌舞伎の全国的な盛行はそれに拍車をかけ、社会文化の総合政策の上で黙視できない状況になってきた。「悪所」の繁栄が、民衆レベルでの文化変動の原動力になるきざしが見えてきたのだ。

第五は、近世に入ってから文化・芸能・民間信仰などの分野への、賤民層の進出が目立ってきたことである。特に「河原者」系とみなされた歌舞伎・人形浄瑠璃・説経芝居の発展は目ざましく、門付芸・大道芸・見世物芸なども画期的な広がりをみせ始めた。

第六は、寛永の飢饉をきっかけにして、各地で一所不住の放浪民が増えてきた。それで、従来からの乞食や勧進などを含めて、各藩ではその対策が緊急の課題になってきた。それがやがて各藩で「非人」制として制度化されるようになってくる。

第七は、特定の職能や役負担に対する賤視観・ケガレ観が強められていったことである。近世中期からの「宗門改制度」における賤民の別帳化、「生類憐れみの令」やその一環としての「捨牛馬禁令」、さらには死穢・産穢をはじめとしたケガレと服喪に関する規定を全国的に制定した「服忌令」の公布によって、従来の《貴・賤》観よりも、むしろ《浄・穢》観を中心として賤視観念が、しだいに在地社会にも広がっていったのである。

3　三都を中心とした近世都市の成立

興隆する町人層

遊里と芝居町の隆盛を牽引したのは、平人身分とは異なる「制外者」と呼ばれた集団であったが、「悪所」の繁栄を語る前提として、近世社会の経済成長と、それをリードした新興町人層の興隆について一言しておかねばならない。とりわけ文化史と思想史において、画期的な大転換期となった元禄・宝永・正徳期（一六八八〜一七一六）の時代的特質について言及しておかねばならない。

寛永の大飢饉を契機に、幕府はそれまでの農業政策を大きく転換し、農村の大開発に着手した。職人の手による各種の手工業も発展して、地方によってかなりの差異があったが、全国的にみれば社会的生産力は急速に上昇していった。

東廻り・西廻り航路が開発されて、大型帆船が就航するようになった。輸送手段が改善されると、物流が飛躍的に盛んになった。貨幣信用システムがしだいに確立し、交易市場と金融制度が整備されて、商品経済が活発になっていった。

それにつれて都市の人口が急増し、十八世紀初頭の三都の人口は、江戸は約百万（武士の人口を差引けば約四十万）、京都と大坂は三十五万から四十万前後を推移した。

まだ一部の地主クラスと富裕な町人層に限られていたが、多少の余剰とゆとりができると、文化や芸能の分野で余暇を過ごし、武家に負けないように教養を身に付けようという欲求が民衆社会で広がっていった。

遊里と芝居町を核とした「悪所」の繁栄は、そのような経済成長と文化的欲求の広汎な広がりを基盤にしていた。このようにして「悪所」は、新時代に対応する文化センターとしての機能をしだいにそなえるようになっていった。公家・武家と接点があったごく少数の町人文化人は別として、多くの大衆が身銭を切って、文化と呼べるものにじかに接するきっかけになったのは、「悪所」の出現と急速に流布するようになった浮世草子などの出版物だった。

政治都市・江戸の形成

ところで、三都の都市的特色であるが、一口で言えば、江戸は徳川氏によって新しく設計された「政治都市」、京都は平安京以来の伝統を誇る「文化都市」、大坂は新興の町人層が担う「商業都市」――このようにまとめられよう。

そのような三都の歴史的な特性に基づいて、それぞれの「悪所」にも、固有の土地柄があった。遊里の風情も、芝居町の気風も、それぞれに特色があった。

百万都市江戸の人口の半分以上は、徳川家直属の旗本・御家人をはじめ、参勤交代で江戸屋敷に居住している諸大名とその配下の武士だった。

商業を担う町人層も、そのリーダー格は上方からの下り者が主力だったが、圧倒的に多かったのは、開発景気を見込んで、関東の各地方からやってきた下層民の働き手だった。その当時の世界でも有数の大都市を造成するのだから、労働力需要も増え続けた。

明暦三（一六五七）年正月、江戸城本丸をはじめ、大名屋敷・旗本屋敷約九百家、町家四百余町を焼き払い、死者が十万余人の大火事が発生した。

この「明暦の大火」後、火除地《ひよけち》として広小路が設けられた。綿密な再建計画に基づいて、輸送の幹線となる川筋も整備されて、江戸の市域は以前より拡大された。当時の武家地は市域の約七〇％、寺院地は約一五％であって、その大半は緑の多いゆとりのある山手にあった。それに対して町人地は、海と川に沿った低地を中心に狭い間取りの長屋が密集していた。

町屋敷の表通りに大店《おおだな》を構える大商人、復興開発景気で沸く大工・左官などの棟梁クラスを除けば、棒手振《ぼてふ》りの行商人や車力・鳶《とび》などの日傭《ひよう》は、九尺二間（約三坪）の裏長屋に住んでいた。明暦大火後、都市再建工事によって労働力需要が急増したので、地方から流入してきた下層民はますます増大した。

文化都市・京都の「町衆」

京都から江戸へ国家統治の中心が移るにつれて、公家と大寺社を中心とした京都の権門勢家はしだいに衰退していった。だが生産と物流の両面からみても、江戸開府から数十年が経過した十七世紀後半の頃でも、百万都市・大江戸を支える自前の経済力は、関東地方ではまだ十分に成熟していなかった。

米はなんとか自給体制が整ってきたが、その他の商品は、京都をはじめ西国からの「下り物」が多かった。つまり経済と文化の分野では、上方がまだまだ優位であって、

左より大坂新町、江戸新吉原、京島原の遊女（鈴木春信・画『三都太夫揃』）

古代・中世以来の西高東低の傾向はそのままだった。

　朝廷や寺社の権勢は、「公家諸法度」「寺院法度」の制定によって削がれていったが、近世に入ってからも、文化都市・京都の全国的な影響力は依然として際立っていた。

　当時の一流の学者文人の多くは京都に住んでいた。歌道や俳諧も盛んで、茶道や華道の家元も京都にあった。書籍の出版と流通のセンターでもあり、遊里と芝居町が初めて形成されたのも、先にみたように京都だった。

　もう一つ強調しておかねばならないのは、近世の初頭の頃、京都は日本最大の産業都市だったことである。西陣に代表される高級絹織物、武具や陶磁器や漆器など高級手工芸品の生産ではひときわ傑出していた。禁裏や幕府と密接な関係を保ちながら、特権的町人としてその家柄と技術を誇ってきた「町衆」の存在は、都市としての京都の大きい特徴だった。

物流と金融の市場でも京都の町衆は全国的に力を持っていたが、一六七〇年代の寛文年間に、町衆の経済に影響を及ぼす交通ネットワークの大改革がなされた。河村瑞賢による西廻り航路の開発である。

東北や北陸など日本海諸地域の物産は、それまでは敦賀・小浜から琵琶湖経由で、大津を通って京都へ入っていた。だが西廻り航路の開発で、その回路が急速に衰退していった。つまり下関経由で瀬戸内海を通って、大坂湾で荷揚げするようになったのである。

大坂町人の門徒的気風

その頃は陸送用の道路がまだ十分に整備されていなかったので、商品の大量輸送は船に頼っていた。西廻り廻船を利用すれば、荷の積み替えがなくなり、輸送費も安くなった。途中で寄港する町で取引もできた。

海運の主要ルートだった瀬戸内海に面しているという地の利を生かして、商業都市・大坂が急速に台頭してきた。全国各地から大坂に物資が入荷するようになり、江戸をはじめ全国各地へ出荷する流通拠点となった。

　戦国時代の大坂は、新興民衆仏教だった浄土真宗の石山本願寺の寺町を基盤にした町だった。大坂の町人は、公家や大寺社勢力と深く結び付いていた京都の町衆とは、いろんな点で違っていた。

　秀吉による大坂築城後、人口が急増したが、職人や小商人たちは、好景気に沸く大坂に職を求めてやってきた新参者だった。瀬戸内海を通ってやってきた四国・九州・中国筋の出身者が目立ったが、本願寺の門徒が多かった。僧侶の妻帯や肉食も認めた親鸞の思想に親しんできた本願寺門徒は、《貴・賤》や《浄・穢》などの観念にあまりとらわれなかった。

　そういう土地柄だったので、特に下層庶民が住み着いた下町には、下克上的な気風が強かった。旧来のしきたりや作法にこだわらず、自由闊達に活動する風習が根付いていた。建前よりも本音で物を言う海民的な気風も強く、たやすく時の権力になびかないところがあった。

　なにしろ一向一揆の最後の拠点として、一五七〇年から八〇年まで織田信長軍の猛攻に耐えて果敢に闘った石山本願寺――その門徒衆が都市の基盤を築いた町である。

数万にのぼる織田軍の堅陣を突き破って、石山本願寺に兵糧と武器を送り届けたのが村上水軍を中心とした瀬戸内海民だった。(沖浦『瀬戸内の民俗誌』岩波新書、一九九八年)

古い格式を誇っている町組織の規制力が強い京都と違って、大坂三郷は地域の共同体的な掟もかなりゆるやかだった。実力本位の土地柄だったので、新来の人たちに対しても寛容だった。

このような明け透けの町人気質は、市場経済によって生産・流通・消費が動かされる時代に入ってくると、商都大坂の発展に大きくプラスした。

山鉾《やまぼこ》巡行でよく知られる京都の祇園祭と、神輿《みこし》の川渡御《かわとぎょ》を中心とした大阪の天満天神祭を比較すれば、両都市の町組織と町人気質の歴史民俗的な相違点が浮き彫りにされるであろう。あとでみるように〈元禄ルネサンス〉の頂点に立ち、「悪所」文化の先駆けとなった井原西鶴や近松門左衛門の諸作品は、このような大坂独特の風土の上で開花した。

急成長する商業都市・大坂

徳川幕府は創立当初から、旧豊臣方だった外様大名の多い西国の統治に特に目を光らせていたが、京都に「所司代」、大坂に「大坂城代」を置いて、いずれも有力な譜代大名を任命していた。町方行政においても、京都と大坂には「町奉行」を置いていた。

近世初頭の頃は、京都町奉行が畿内近国八カ国を管轄していた。だが、大坂の経済的地位が上昇するにつれて、大坂町奉行の行政力を強化し、役高も高めて定員二名とした。さらに京都と大坂を行政的に区分し、畿内近国八カ国のうち大坂町奉行は摂津・河内・和泉・播磨を管轄すると改定された。そのような大坂町奉行の強化策の背景にあったのは、全国レベルでの大坂町人の実力の伸張だった。

一七一〇年代の正徳年間の頃、大坂に入荷した商品で銀高一万貫を超えたのは、米をはじめ紙・鉄・木綿・干鰯《ほしか》・菜種油であった。

米の集散の中心地であり、世界初の先物商品取引である米相場が立ったのは大坂の堂島だった。各地の大名は大坂の川筋に蔵屋敷を置いて、年貢米や特産品を売りさばいた。

その米を生産するためには「肥料」が不可欠だった。近世農村の主要な肥料は、大豆・菜種・綿実《わたざね》などの植物種子から油分をしぼった残りの油粕《あぶらかす》と、干鰯などの魚肥類だった。その全国的流通の拠点も大坂になった。

庶民用の衣料に用いる「綿」と、油の原料となる「菜種」の栽培は、やはり畿内西国が中心で、大坂で加工されてから全国へ出荷されるようになった。このように新産業が発展すると、それに伴って金融業も興隆し、蔵元・掛屋として財を成した豪商が輩出した。

加工業が盛んになると、労働力需要が急増したが、特に目立ったのは油絞りの力役だった。先にみた日本橋筋の長町《ながまち》裏の貧しい木賃宿を中心とした細民街に住む下層民の多くは、この種の力仕事に従事していた。この一郭は、近世中期の頃では「ぐれやど」と呼ばれた。宿無《やどなし》団七の名で知られ、延享二（一七四五）年に大坂竹本座で初演された『夏祭浪花鑑』は、この長町裏の人情を描いた力作で大ヒットした。

文明の発展と「夜」の時間

このような生産力と社会的分業の進展につれて、都市消費文明は絶え間なく発展し、人口の増大は市域の拡大をもたらした。だが、新しい社会的欲望を充たすための文化やサービスの仕事を含めて、都市の居住空間を拡げるだけでは、消費文明の発展に追いつかなかった。

三都における消費文明の発展は、同時代のロンドンやパリなどを上回るスピードでなされたのであって、何を基準に比較するのかという問題があるが、比較文明史の視座から考察しても興味深い問題が山積みしている。それで三都では、「空間」だけではなく、活動する「時間」を拡充する方策がとられた。つまり「夜」を積極的に活用することによって、都市生活の拡充がはかられたのである。

この「夜」の時間の活用は、プラスとマイナスの両面があったが、人類の文明史に大きい影響をもたらすことになった。元禄時代からの都市の繁栄のかなりの部分は、この「夜の時間」の拡充に負っていた。職人は灯火を用いて仕事に励み、商人は夜間の営業もできる。

それだけではない。交友の時間を増やし、本を読んで学問に親しみ、稽古事を習い、娯楽を享受する時間を生みだした。一口で言えば、さまざまの社会的活動の中軸となる「コミユニケイションの時空間」を大きく拡げた。このような時空間の拡大の最先端をいったのが「悪所」だった。夜間営業の突破口となったのは、「悪所」と呼ばれた遊廓だった。

もちろん当時は街路には灯火はなく、夜は暗闇だった。そこに「不夜城」と呼ばれる一郭が出現した。あとでみるようにこの時代の遊廓は、たんなる遊興の場ではなかった。文化センターとしての機能をそなえ、商取引に必要な談合接待の場として活用されたのであった。

都市文明を支える油

「夜」を活用するとなると、最大の問題は夜間照明の技術と、エネルギー源としての「油」の供給だった。奈良時代からロウソクが用いられていたが、中国から輸入された貴重品だったので、宮廷や寺院だけで用いられた。近世に入って、ウルシやハゼノキの実からしぼり取った固体脂肪を原料として「木ロウソク」が作られるようになったが、やはり庶民には高価だった。

中世の時代から灯火用に油も用いられていたが、その原料はゴマ・エゴマで大量には生産できなかった。京都の大山崎八幡宮や奈良の興福寺大乗院を本所とする油座が勢力を持っていたのだが、やはり高価なので庶民用には出回らなかった。

その隘路《ネック》を切り開いたのが、「菜種油」の大量生産だった。近世に入ると、菜種油（水油）と綿実油（白油）が畿内を中心に大量に生産されるようになり、大坂の油問屋が全国各地に出荷するようになった。油は灯火用だけではなく、食用としても重要だった。

しかし関東・東北地方は、気候や土壌の問題もあって、菜種や綿の生産はきわめて少なかった。それで江戸はしばしば油切れが発生した。エネルギー源としての油の恒常的な供給は、都市消費文明の根幹に関わる問題であり、その品不足は治安の不安を招いた。

したがって幕府は、「油」の流通については他の商品よりも厳しく統制した。だが近世末まで、大坂の油問屋の独占権は揺るがず、大坂で集荷された油の約四〇％が江戸へ出荷された。幕府は、関東の農民に菜種の生産を奨励して、自給率を高めようとした。しかし、幕末に近い天保の頃でも、関東地回りの油は江戸市場の三〇％程度だった。

なお付言しておくと、灯火照明に欠くことができないのは灯心である。灯心は藺草《いぐさ》の茎の髄《ずい》で作られるが、幕府は宝永二（一七〇五）年に、浅草に住む穢多頭の弾左衛門とその配下だけが江戸市中の灯心販売ができると定めた。弾左衛門の会所内で灯心が作られ、小頭やその組下が弾左衛門役所の鑑札をもって売り歩いた。

4　都市設計の思想と「遊廓」の位置

福禄長寿の地

古代では、国家統治の中心となる首都を建設する際には、山・丘・森・川などの地勢を観察し、東西南北の方位も考えて、陰陽五行説によって吉相とみられる土地が選ばれた。

今日の京都の起源は、桓武天皇による平安京建設にある。わずか十年で長岡京を廃都として、山背国葛野《かどの》に都を遷《うつ》した。延暦十三（七九四）年十月辛酉《かのととり》の日、すなわち陰陽道でいう革命の日を選んだ。

なぜ長岡京は廃都されたのか。長岡への遷都推進者だった藤原種継が暗殺されたが、その容疑者として早良《さわら》親王が捕らえられ、無実を訴えながら憤死した。二度に及ぶ大洪水など、それ以後不吉な事象が起こった。その怨霊の祟りを恐れて遷都したとする説が有力である。

新しい平安京は、東に青竜、西に白虎、南に朱雀、北に玄武――この四神に相応じた福禄長寿の貴相の地だった。もともと葛野は、渡来人の有力者だった秦《はた》氏の根拠地だった。宮廷の最新のテクノクラートだった陰陽寮の官人の進言を受け容れてこの地が選ばれた。

陰陽寮の官人たちは、渡来人系の血脈につながる者が多く、全国的に強い経済力を持っていた秦氏一族と深い関わりがあった。彼らは、その地の自然風土を考察して都城や墳墓の位置を定める「風水」説にも通じていた。（沖浦『陰陽師の原像』前掲）

そのような京都の伝統を踏まえながらも、天下の実権を握った秀吉は、武家勢力が支配する新興の時代にふさわしい京都の発展を構想し、大規模な都市改造に着手した。

鴨川の洪水を防ぎ市街地の境界を策定するために、お土居と呼ばれる堤を築造した。散在していた中小寺院を郊外に集めて寺町を形成し、その跡地を町域に転用した。さらに新しい町割を行って空き地の利用を進め、洛中地子永代免除を実施して、それまでの公家や寺社による地子徴収の領主権を否定した。

かくして、安土桃山時代の京都は、「町衆」の経済力を基盤として、人口三十数万のわが国最大の文化産業都市となった。このような社会的基盤があったので、遊里においても芝居町の形成においても、京都がその先進地となった。

徳川家康の新都構想

織田・豊臣政権は京都を中心に畿内近国を根拠地とする統一国家の実現を目論んでいた。だが家康は、豊臣系大名の影響力が強かった西日本を避けて、関八州を根拠地とする新国家を構想し、江戸に幕府を定めた。

家康は『記』『紀』などの古文献に親しんで、律令制の歴史にもよく通じていた。東西を何回も往来していたので、西日本と東日本との文化的な差異や経済力の格差についても、肌身で認識していた。朝廷をはじめ伝統を誇る寺社の多くは西国にあった。そのことを十分に考慮しながら、新首都江戸の建設に着手したのであった。

辺鄙な土地に幕府をひらいた家康は、中国・朝鮮から伝来した「風水」の知識にも通じていた。新都江戸は、当時の土木工事の技術を結集したすぐれて文明的な所産だったが、その深層には、大地の生気と吉凶の相を重視する風水思想の影響が色濃くみられた。

おおまかに言えば、神仏の坐《いま》す「聖なる場所」、人びとが集住する「俗なる場所」、さまざまの禁忌《タブー》をはらんだ「卑賤で穢れた場所」——このように三区分された。もちろん「悪所」は、この第三の地区に属した。一寸見《ちよつとみ》ではよく分からないが、実はこのように分節化された都市空間が構想されていたのであった。

あの大動乱の戦国の世を生き抜いた家康は、多くの人間を殺《あや》めてきた。その中には、無念の憤死を遂げた者も少なくなかった。それらの怨霊が、荒ぶる神となって祟るのを恐れた。また天下人《てんかびと》になると、聖なる天皇の権威と並び立つことを意識して、平安期以来の朝廷が定めていた《貴・賤》や《浄・穢》にまつわる慣習秩序もそれなりに配慮したのであった。

分節化された江戸の都市空間

江戸は海に面していたが、おもな輸送路となる川筋を中心に、丘や森の立地関係を考えて慎重に都市計画がなされた。実用的な利便性と経済的効率も重視せねばならないので、〈聖－俗－穢〉という観念が、都市設計にそのまま露出していたわけではない。

だが寺院や墓地などの配置には、そのような意味付けがなされていた。徳川家の菩提所である上野の寛永寺は江戸第一の大寺で、門跡《もんぜき》知行高は六千石だった。京都の比叡山延暦寺にならって、東都における叡山の意で東叡山とされたが、陰陽道でいう鬼門にあって、江戸城を守る位置にあった。

都市設計に際しては、特に市域への出入り口に位置する「宿」、川の両岸を結ぶ「橋」が重視された。境界という地理的な標識として、あるいは軍事的な機能として重視しただけではなく、〈聖－俗－穢〉に関わる記号的意味が付与されていたのであった。

一例を挙げれば、武蔵《むさし》と下総《しもうさ》の両国を結ぶことからその名が付けられた両国橋である。橋の東西は広大な火除地になっていて、西側の両国広小路は、寛永寺の裾野にある上野広小路と並んで、江戸有数の盛り場となった。

江戸で花火が許されたのは両国橋の川開きだけで、万治年間（一六五八～一六六一）からは市中での花火は厳禁された。川端に見世物小屋などが立ち並んだが、すべて一夜のうちに取り払える仮小屋であった。

賤民である「穢多」「非人」の居住区も周縁部に設定されたが、おもに主要街道の出入り口にある「宿」場の近辺に配置された。海岸や川筋の船着場の近くが多かったが、その主たる役務は、無許可で入り込む乞食・流人などの取り締まりと、穢れの清《きよ》目《め》であった。

江戸の非人頭は、浅草の車善七、品川の松右衛門、深川の善三郎、代々木の久兵衛の四人で、それぞれの持ち場を管理していた。浅草の車善七は、その支配権をめぐっ

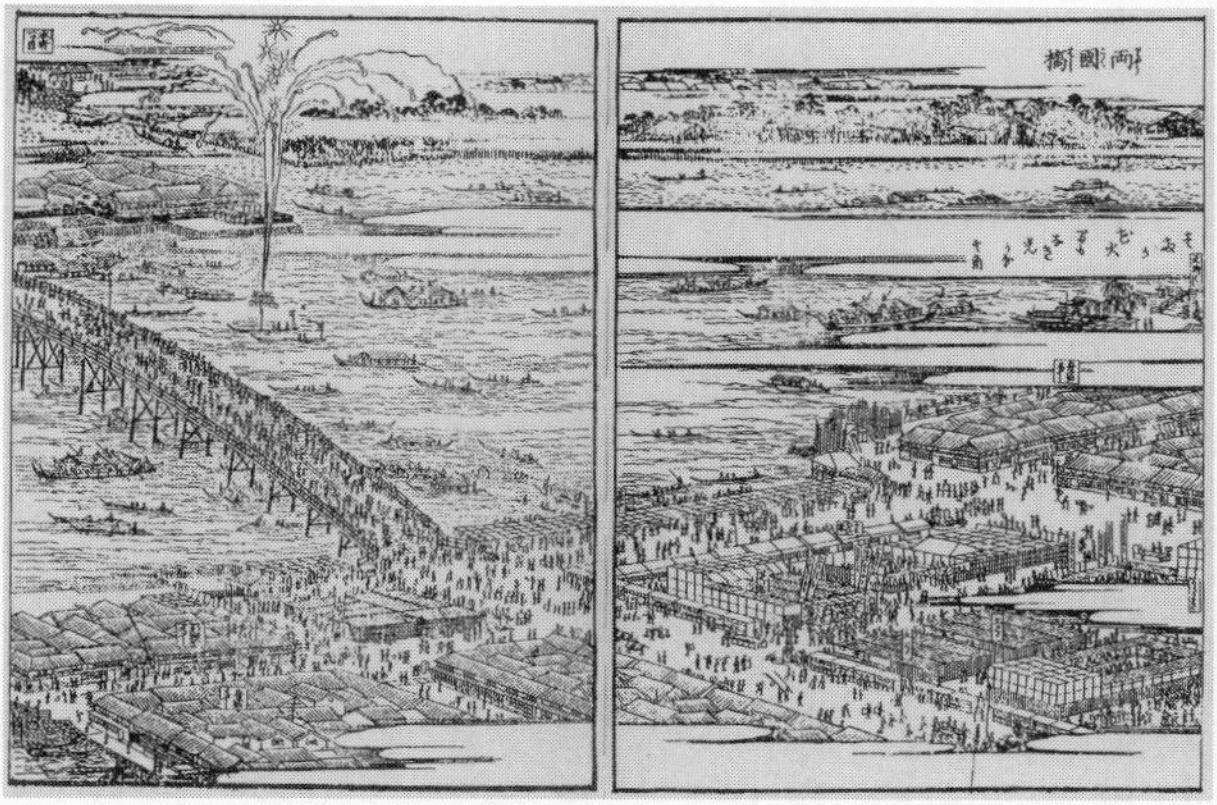

見世物小屋が建ち並ぶ両国橋（『江戸名所図会』）

て穢多頭の弾左衛門と紛争してきたが、享保年間に町奉行の裁定によって穢多頭による非人頭支配が確定した。

なお「乞胸《ごうむね》」と呼ばれて、大道芸を生業とする芸能集団がいた。身分は町人だったが、稼業は「非人」と同様の渡世なので、非人頭・車善七の配下とされた。香具師もそれに準じる者とされた。乞胸頭の山本仁太夫が町奉行に提出した由緒書『乞胸頭家伝』によれば、その祖は浪人長嶋磯右衛門で、薬師堂前で草芝居・見世物芸の世話をしたのが起源とされている。

隔離された遊廓

室町期の遊里は、交易で賑わった港町、

交通の要衝だった宿場を中心に形成されていった。だが、その頃の遊里の規模や実態を具体的に明らかにする手がかりは残されていない。そこで働く遊女たちも下層民の出が多く、諸国を流れ歩いた者が少なくなかったと思われる。

近世の幕藩体制時代に入ると、三都を中心に都市計画がなされて、域内に分散していた遊女屋を集めて「遊廓」が創設された。近世の遊廓は、権力によってその営業が公認されたところに特色があった。

遊廓は俗に色町・色里・花柳街・女郎街・青楼などと呼ばれたが、公的な文書では「傾城屋」と呼ばれた。「傾城」の語源は『漢書』外戚伝の「一顧人城を傾け、再顧人国を傾く」にあった。「傾く」は美人の色香に溺れて城や国を滅ぼす意であって、呉《ご》王夫差《ふさ》を破滅させた越《えつ》の美女西施《せいし》、唐の玄宗に愛されてついに国を傾けさせた楊貴妃が有名だ。遊廓の中に「傾城」と呼ばれた遊女がいたが、彼女らは、遊女の中でも教養も気品も高い太夫を指した。

これらの遊廓は、あとでみるように町域の周縁部か、あるいは町域から外れた新開地に創設された。堀・土手・壁で囲まれていて、「大門《おおもん》」と称する門が設けられていた。他の出入り口は認められない「隔離された場」であった。

大門のそばには「見返り柳」が植えられ、入るかどうかもう一度考える「思案橋《しあん》」、意を決して身繕いする「衣紋坂《えもん》」など、名の通った遊廓は、ほぼ同じような構図で設計された。

一体、誰が設計したのか。いろいろ口出しはしたであろうが、役人が直接手がけることはありえない。やはり楼主たちが寄り合いで決めたのだろう。その際には、遊里の古い歴史がある中国の古文献に通じている文人に智慧を借りたとも考えられる。

賤民と同類とみられた「傾城屋」

火事を防ぐため、当初は夜間営業は禁止されていたが、明暦三（一六五七）年に吉原をはじめ各地とも禁を解かれたので、一大不夜城が出現して都市の盛り場の象徴となった。

狭い棟割り長屋が多かった当時の一般町家と比べれば、当時の青楼は格段に立派な建築で、通りに沿って整然と二階建ての楼が並んでいた。桜を植えて灯籠できらびやかに飾り、遊客誘致にさまざまの工夫が凝らされていた。

吉原を例にとれば、傾城屋を経営する楼主には町役を免じて、人別帳も一般の名主層とは別扱いにした。大門のそばに会所を設けて、奉行所から派遣された警固役が配置されていたが、廓内の統治は惣《そう》名主が責任を負った。番小屋を設けて出入り人の監視と廓内の治安維持をはかり、私娼の取り締まりの権限も与えられていた。

つまり公娼の集住する廓内は、ある種の治外法権が認められていたのであった。その点では穢多頭の弾左衛門が、その支配下の賤民統治において大幅な自治権を認められていたのと類似していた。

享保年間(一七一六～一七三六)に江戸の浅草新町《しんちょう》にいた弾左衛門が、幕府に提出した『弾左衛門由緒書』には、その支配下の座として二十八座が記されているが、その二十八番目に挙げられていたのが「傾城屋」だったことは先に述べた。そして河原巻物と呼ばれて全国各地に残るこの種の由緒書には、傾城屋と並んで「湯屋」「風呂屋」が賤民支配下の座として挙げられている。それは風呂屋で働く湯女《ゆな》が私娼だったからである。

第五章

特異な都市空間としての「悪所」

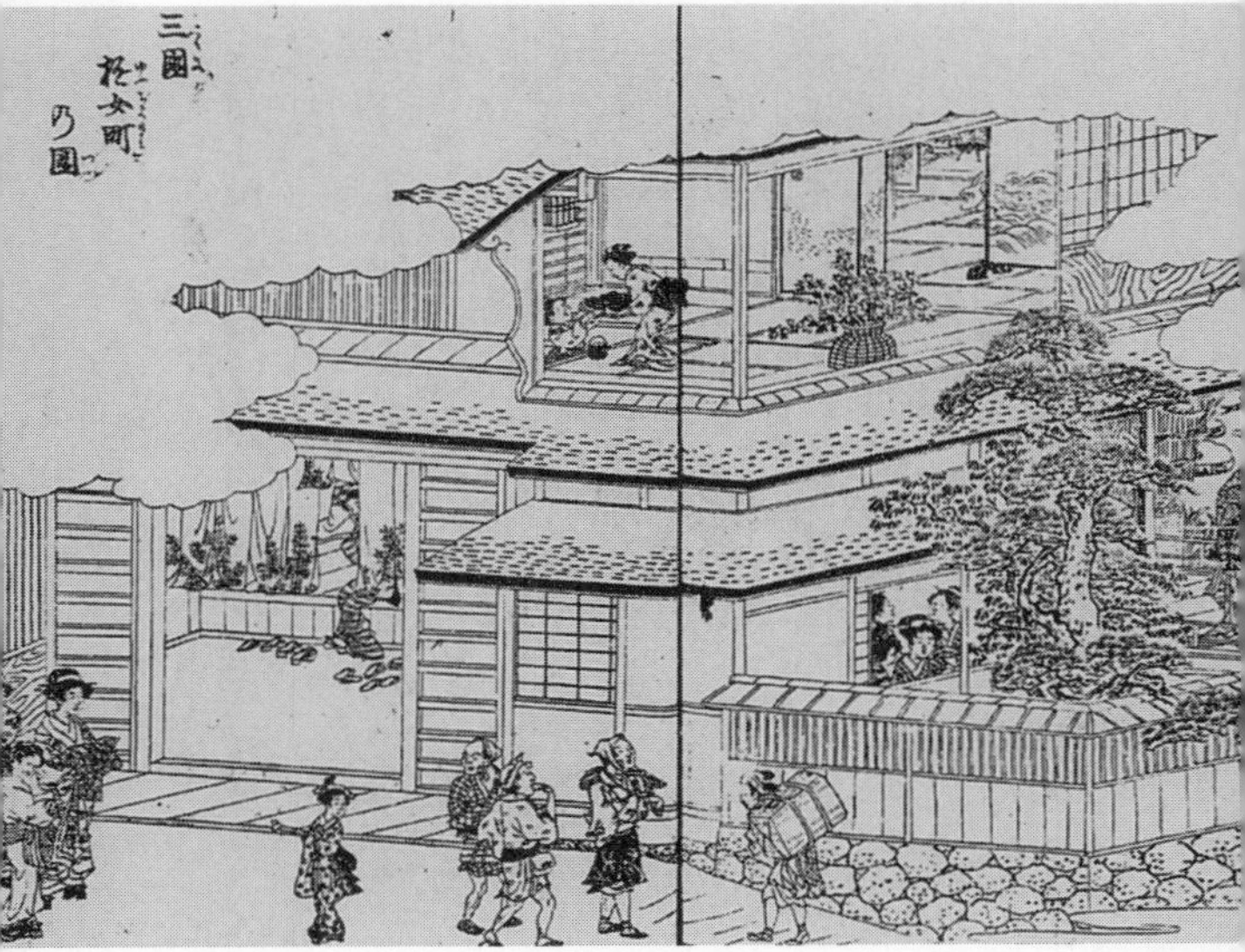

越前三国の遊女町（『二十四輩順拝図会』）

1　地方都市と「悪所」

上方の「和事」と江戸の「荒事」

元禄時代の歌舞伎劇壇は、京都・大坂・江戸の三極があって、それぞれの歴史的風土性に基づく芸風を競っていた。京都では、初世坂田藤十郎に代表されるように、遊女歌舞伎時代からの傾城事・濡れ事を中心に、色模様を演じたやわらか味のある「和事《わごと》」の芸風が評判をとった。

それに対して大坂の芝居は、新興の町人層に支えられていたので、大げさで派手な芸風が好まれ、旦那衆の生活実態や下層民の野卑性もリアルに演じられた。

武士が人口の半分を占める新興の江戸では、忠義の武を演じる立役を中心とした「武道事《ぶどうごと》」がもてはやされた。荒ぶる神の感覚を伝える超人的な鬼神を演じた舞台は、民衆から喝采を浴びたが、これが初世市川団十郎によって創始された「荒事《あらごと》」である。隈取《くまどり》をした面形や六方振・長ぜりふのつらね・見得《みえ》などに代表される演出は、〈異形〉

性をことさらに際立たせて喝采を博した。

この頃は、人形浄瑠璃のために書かれた戯曲を歌舞伎向きに書き直した丸本物が主流だった。その分野では、近松門左衛門と竹本義太夫の名を特筆しておかねばならない。竹本義太夫は大坂の天王寺村の生まれで、最初は京の四条河原でワキを語っていたが、貞享元（一六八四）年に道頓堀で竹本座を旗揚げした。

近松の名が知られるようになったのは、翌貞享二年に義太夫のために『出世景清』を書いてからだった。やがて近松は、坂田藤十郎の座付き作者に迎えられて、歌舞伎狂言も執筆した。

元禄十六（一七〇三）年、近松は再び義太夫のために新しい世話悲劇『曾根崎心中』を書き上げて大当りを取った。

観音巡りと心中道行を軸とする先例のない劇構造、遊女お初と手代徳兵衛という底辺に生きる庶民と等身大の人間を主役としたこと——この二つの試みは、日本演劇史上でも画期的なものだった。

近松門左衛門と竹本義太夫のコンビは、道頓堀を本拠としたので、京都に代わって、大坂が上方芸能の中心となり、しだいに大坂と江戸の二極構造になっていった。

三都に次ぐ芸所は名古屋

三都に次ぐ芸所は名古屋だった。この地には、今川氏豊によって築かれた那古野城があった。だが織豊政権時代は廃城になっていて、あたり一帯は荒れ野だった。

家康の命で名古屋築城が着手され、元和二（一六一六）年に駿府から徳川義直が着任した。それ以後は、徳川御三家の尾張藩六十一万余石の城下町となった。東国と西国との中間拠点である名古屋は、江戸と同じく基本的には政治都市として計画された。

元禄期に入る頃には、市街地は南に延び、熱田神宮の門前町熱田（宮宿）は、東海道五十三次の唯一の海上ルート、桑名と結ぶ七里渡の発着地として栄えた。

名古屋の「盛り場」の歴史を語るうえで、重要なのは七代藩主徳川宗春の積極的な文化芸能政策である。朱子学を学んで自由な気風を好んでいた宗春は、享保十五（一七三〇）年に藩主になった。商工業を振興し芝居町を造り、庶民の遊興にも寛大だった。

八代将軍吉宗が推進する「享保改革」の真只中だったが、宗春が政教書として書いた『温知政要』は、倹約令をはじめとする改革の精神と正面から対立したので、幕府はこの書の絶版を命じ、宗春も隠居させられた。

駿府にまさる東海道の要衝になった名古屋は、上方からの「東下り」、江戸から京坂へ上る芸人たちで賑わったが、大須観音の周りにある芝居町に立ち寄って公演していく座も多かった。

もうひとつ特記しておかねばならないのは、伊勢参宮の客で賑わう伊勢古市の芝居町である。宇治山田・宮島・金比羅《こんぴら》（琴平）といった門前町は、三都に次ぐ安定した芸能市場として栄えた。

東海地方は、民間陰陽師の門付けを始源とする「尾張万歳」と「三河万歳」の本拠地だった。中世の「万歳」から近世の「万才」へ、さらに近代に入って「漫才」となって一世を風靡するが、その主導力になったのが東海地方の万歳だった。

なぜ仙台に悪所がないか

金沢・仙台・広島・博多・熊本といった大藩の城下はどうだったのか。そこに傾城町と芝居町を併設する「悪所」が成立したのかどうか。個々の都市まで微細に立ち入って論じることはできないが、譜代大名と外様大名の城下町では、かなり様相が違ったのではないか。

伊達六十二万石の城下町仙台は、慶長年間（一五九六〜一六一五）に岩出山から移ってきた伊達政宗によってひらかれた。世に知られた悪所は仙台には成立しなかったようだが、これには伊達騒動の発端となった藩主伊達綱宗の不行跡による逼塞《ひっそく》事件が絡んでいたのではないか。

綱宗は江戸の小石川堀の普請役を命じられていたが、役務をおろそかにした「吉原通い」の不行跡をとがめられて、万治三（一六六〇）年に隠居を命じられた。二歳の亀千代が家督を相続したのをきっかけにお家騒動が起こった。この伊達騒動はさまざまに脚色されて、一連の「伊達騒動物」が創作された。

特に有名なのは、安永六（一七七七）年に初演された『伽羅先代萩《めいぼくせんだいはぎ》』で、大当たりを取った。綱宗が伽羅の下駄をはいて吉原に通い、遊女高尾を身請けしたという巷説に基づいて、このタイトルが付けられた。幼君の乳母である政岡がわが児に毒味させてその死骸を抱いて嘆く場面は、戦前では小学生でもよく知っていた。

この騒動の主役のひとりである原田甲斐は芝居で仁木弾正となり、歌舞伎の重要な役柄の一つである〈実悪〉の典型的モデルとされた。また隠居させられた藩主綱宗が高尾太夫を船の中で斬り捨て、高尾の妹の累《かさね》に祟《たた》るという物語にまで発展させられた。

この話が「累物」と呼ばれる一系統を生みだし、後の化政期に四世鶴屋南北の『法懸松成田利剣《けさかけまつなりたのりけん》』の絹川与右衛門と腰元累の因果物語となり、さらに同じ南北が書いた

『東海道四谷怪談』の民谷《たみや》伊右衛門とお岩という、歌舞伎史上でも名高いドラマを産み出した。

幕藩体制の崩壊を予感させるような、落ちこぼれ武士の極悪ぶりをグロテスクに描いたこれら〈色悪〉物の源流は、「伊達騒動物」から発していることは記憶されてよい。明治期に入ってからも、三遊亭円朝の『真景累ヶ淵』で怪奇因果譚として語られて一世を風靡した。

広島藩ではご法度

浅野家四十万石の城下町広島ではどうか。浅野家では武家の式楽として能・狂言の御役者と囃子方を抱えて、城下の中町に能役者を住まわせていた。町方でも能・狂言が盛んで、特にすぐれた狂言方は召し出して扶持を与えていた。

しかし城下町広島では、芝居興行は禁止されていた。芝居町はもちろんのこと、遊里も公然と認められたことはなかった。近在の寺社の開帳や市立ての日には特別に操《あやつり》浄瑠璃や小芝居が催された記録が残っているが、城下には「悪所」は設けられなかった。

北部の農村部を中心に在地の芸能として栄えたのは、出雲から伝わってきた「出雲岩戸神楽《かぐら》」である。出雲や芸備地方に限らず、中国山地周辺では神職や氏子による神楽集団が民衆芸能の主流であって、その起源は天正・慶長年間（一五七三〜一六一五）まで遡る。

念のために慶長六（一六〇一）年から享和三（一八〇三）年までの藩の達《たつし》・触書の集成（『広島県史』近世資料編Ⅲ）を調べてみたが、城下での芝居や遊女町に関する記録は全くない。「辻相撲」「辻踊」「盆踊」でも厳しく統制する町触《まちふれ》が出されている。したがって風俗を壊乱し奢侈《しゃし》僭上《せんじょう》の風潮を煽動する歌舞伎が、民衆の前で堂々と公演できる状況ではなかった。

ただし厳島神社の鎮座する宮島の四季の市では、勧進興行という名目で上方から歌舞伎一座が来演した。寛文年間（一六六一〜一六七三）と推定される「宮島図屛風」ではびっしりと芝居の仮小屋が建ち並び、山王社のそばに人形浄瑠璃の小屋が見える。

厳島神社の芝居興行

元禄時代の頃の宮島では、夏市になると上方や江戸の役者がはるばる来演した。貞享年中には竹本義太夫が公演している。夏場は櫓《やぐら》免許の大芝居も休業するので、この間を利用して、宮島→讃岐の金比羅→豊後府内（現大分市）の柞原《ゆすはら》八幡の浜の芝居と

いうコースをたどって巡業したのである。（薄田太郎・薄田純一郎『宮島歌舞伎年代記』国書刊行会、一九七五年）

宮島には揚屋があって、遊里あそびをする者は広島市中から通っていた。宮島に市が立って賑わう時には、広島市中まで稼ぎにやってくる遊女や遊芸者がいたようで、元文二（一七三七）年の町触では次のように通達している。当月は宮島市なので、「遊女・野郎其外《そのほか》遊芸者之類並疑《うたがわしき》敷もの共」が、もし忍びで来ても、宿はもちろん一座の会も厳禁する。辻堂や野辺もよく調べて見かけたら追払い、不審な者は早々に注進せよ。

次に遊女町に関わる規制であるが、先にみた藩令ではそれに言及した達・触書はない。正保二（一六四五）年に「江戸詰家中法度」が家中の武士に出されているが、その三条に「かふきもの堅《かたく》停止候」とある。これは歌舞伎ではなくて、長脇差などして「かぶき者」風体で横行した武士を指している。広島藩の家中に、そのような異風で押し歩く者がいたのである。

さらにその八条に、「遊山見物・銭湯・風呂・傾城・ゆなくるい停止の事」とある。その頃の吉原遊廓の上客は各藩の江戸へ単身赴任している武士だった。広島藩では「悪所通い」を厳しく差し止めていたのだが、「ゆなくるい」（湯女狂い）がいたのである。風呂屋に通って湯女に溺れたのは、懐《ふところ》が寂しい下級武士だった。

港みなとに遊女あり

興味深いのは天明四（一七八四）年の町触である。「近来沖合に芸子類の船を繋《かが》り居候て、右芸子類之者町方へ徘徊致し」と聞くので、「忍ひ回りの者」を派遣して現場へ踏み込んで吟味せよ、という触である。

公認の遊廓の外に、私娼がたむろする地を岡場所と呼んだが、広島市中には岡場所もなかったようだ。夜の路傍で客を引く女は、江戸では「夜鷹」、上方では「辻君」「立君」などと呼ばれていた。広島では、船をねぐらとしてひそかに春を売る「沖合芸子」がいたのである。

江戸では永代橋から八丁堀、さらに深川あたりにかけて舟で商売する街娼がいて「船饅頭」として知られていたが、夜鷹よりは少し格上だった。ここに出てくる「沖合芸子」はそれに似た私娼だったのだろう。

そのように厳しい風俗統制を実施した広島藩でも、瀬戸内海の港町には遊里を公認している。よく知られているのは、大崎下島の御手洗《みたらい》港である。

「港みなとに遊女あり」と古くから言いならされた俚諺があるが、その筆頭格に挙げられていたのが、播磨の室津である。遊女町の始源は、この室津とする説もあるが、船の出入りで賑わった港町には、早くから遊女たちがたむろする盛り場ができていた。

近世では、港の繁栄を維持するためには、問屋・茶屋・芝居小屋の三点セットが必要だった。沖乗り航路によってひらかれた大崎下島の御手洗港では、享保年間（一七一六～一七三六）から茶屋に遊女を置くことが公認され、明和五（一七六八）年には茶屋が四軒あった。当時の人口は五百四十三人だが、そのうち遊女は九十四人だった。芝居小屋も茶屋街のすぐ横に設けられた。この港については『瀬戸内の民俗誌』の「おちょろ船」哀話で詳しく述べた。

2　「悪所」は反権力の混沌の場だった

賤民の「役」負担

江戸幕府は、三都を中心に、「都市」問題が国家統治政策の中でも主要な課題になることを早くから認識していた。寛永十二（一六三五）年に設置された寺社奉行は、寛文二（一六六二）年には将軍直属の機関となり、全国の寺社領の僧侶・神職・祈禱師・楽人だけではなく、その領地に住むすべての住民を統治下においた。それまで寺社の傘下にあった芸能興行も、武家権力の統制下に入るようにしだいに制度化されていった。

江戸府内を例にとれば、寺社奉行となった大名の家臣が寺社役として毎日のように寺社地を巡検し、治安維持と興行などの監督に当たった。境内での勧進興行・開帳・富突きなどの寺社の財政を左右する諸行事も、寺社奉行の認可が必要となった。

ところが江戸府内に限り、寺社門前地の支配は、延享二（一七四五）年から寺社奉行から町奉行の担当にふりかえられた。人形浄瑠璃や歌舞伎興行の隆盛につれて、町域における芝居町の比重が高まってきたからであった。芸能興行も町奉行の認可制となり、特定の興行主と特定地に限って認められるようになった。

そのように三都を中心に、全国各都市の「悪所」「盛り場」に対する統制が強化されていった。

幕府は都市における町方行政を重視して、主要な都市は直轄地として奉行を配置した。江戸には二名の町奉行（南町奉行・北町奉行）、大坂には大坂町奉行、京都には京都町奉行を置いて、行政・警察・訴訟などの公務を担わせ、町方行政全般について大幅な権限を与えた。

そして駿府・日光・堺・大津・伏見・長崎・兵庫・奈良・宇治山田・佐渡相川・新潟などの中世以来の城下町・門前町・港町・鉱山町も次々に直轄地として、遠国奉行を配置した。このようにして、全国の著名な都市の「盛り場」は、奉行所の厳しい管理下に置かれたのであった。

近世の身分制と芸人

身分制社会では、それぞれの身分に固有の生業《なりわい》・職種が定められていた。どの身分に属するのか分からない曖昧な職業はない。それが身分制度の原則である。

身分制社会では、支配政権が安定している間は、その家柄・血統に基づく身分は世襲制であった。そして誰もが、生まれついた身分によって、従事できる職能の範囲が決まっていた。仕事を換えるにしても、同じ身分に許容されている職能の範囲に限られていた。

一口で言えば、身分制という閉鎖的なシステムによって、分業体系そのものが仕切られていたのである。自分の才能や個性や趣味によって、職業を自由勝手に選ぶことはできなかった。

もちろん自らの身分を落として、より下層の職業に就く場合は、高位身分でない限りいちいち咎められることはなかった。武士の家に生まれたが、賤視されていた「芸能」の世界に身を投じて、座付き役者という職業を選び取った近松門左衛門のようなケースもあったが、これは極めて稀な例外であった。

近世の身分制では、芸能の分野は、農工商に従事する百姓・町人が従事しないので、歴史的に賤民系の職業とみなされていたのであった。

ところが、元禄以降の社会的生産力の上昇と消費文化ブームの中で、社会的分業も急速に多様化していった。その結果、どの身分に帰属しているのか、平人なのか賤民なのか、区分するのがむつかしい職種が増えてきた。

賤民統制と「勝扇子」事件

幕府はしだいに賤民制の強化に乗り出したが、宝永五（一七〇八）年に「勝扇子《かちおうぎ》」事件が起こった。浅草新町の穢多頭・弾左衛門と京四条河原のからくり師だった小林新助との間で、興行の支配権をめぐる争論が起こっていたが、ついに町奉行所に訴えられた。

それまでは、芸能興行に関しては、幕府は基本的に河原者に興行権を認めていたのだが、初めて先例を破って、弾左衛門側の敗訴となった。(原田伴彦ほか編『日本庶民生活史料集成14』三一書房、一九七一年。盛田嘉徳『中世賤民と雑芸能の研究』前掲)

あとでみるように、〈元禄ルネサンス〉の風潮が全国的に広まるにつれて、「悪所」が栄えて、もともと賤民系である遊芸民の進出が目立ってきた。それを身分制のたるみとみた幕府は、緩んだ箍《たが》を締め直そうとした。その一環としてこの判決を下したのだろう。

享保年間(一七一六〜一七三六)に入ると、先にみたように穢多頭の弾左衛門に由緒書を提出させた。芸能をはじめ賤民制に関わるとみられる諸集団から、その家系と出自を改めて確認するために、相次いで由緒書の提出を命じたのである。

この判決以後、檜舞台が認められ櫓《やぐら》を上げている公認の劇場、つまり歌舞伎の大芝居に出ている役者は、「穢多」頭の支配下に入らないとされた。訴訟に勝った小林新助は、その記録を冊子に編集したが、二代目市川団十郎がその書写本を『勝扇子』と題して大切に家蔵したと伝えられている。しかし実際は、相変わらず「河原者」「制外者」と呼ばれて、賤民に類する者とみなされていたのであった。

天保の改革の際には、第七章でみるように、歌舞伎役者をはじめほとんどの芸能集団が浅草猿若町界隈への集住を強制され、町人と交際しただけで罰せられたのであった。

匿名性の高い街

近世では、それぞれの身分によって生業《なりわい》と役務が違い、その生活様式も日常的な社会的規範も異なっていた。したがって、お互いに入り交じって混住したり、親しく交際することはなかった。身分制度とは、そのような区別と差別を基本とした統治システムだった。

しかし「悪所」だけは、身分ごとに区分された居住区とは違った、一種独特の特異な都市空間として発展していった。その特異性とは、どういうものなのか。

第一、「遊里」「芝居町」は、誰でも、その身分や職業をいちいち問われることなく出入りできた。各地から多種多様な人びとがやってくるが、その目的もさまざまだ。余暇の享楽を求めてやってくる者もいれば、仕事を探しに来る者もいる。雑踏に紛れて身を隠そうとするお尋ね者もいる。

第二、実名を名乗って出入りするわけではない。地縁・血縁関係で堅く結ばれていた地域共同体とは違って、きわめて匿名性の高い空間だった。

第三、「悪所」は、新しい文化情報を発信する「場」になっていった。歌舞伎・浄瑠璃で上演された狂言は、たちまち町中の噂となって広がった。
第四、遊廓の有名な遊女の評判と、すぐれた役者の演技・役柄は、直ちに「遊女評判記」「役者評判記」として出版された。

有名な役者の人気は、今どきの若者が騒いでいるアイドルとは比べものにならない神懸かり的なものだった。前後十一代に及んだ吉原の高尾太夫や大坂新町の夕霧に代表されるが、名高い遊女は理想型女性のモデルとされ、伝説化されて語り継がれていった。

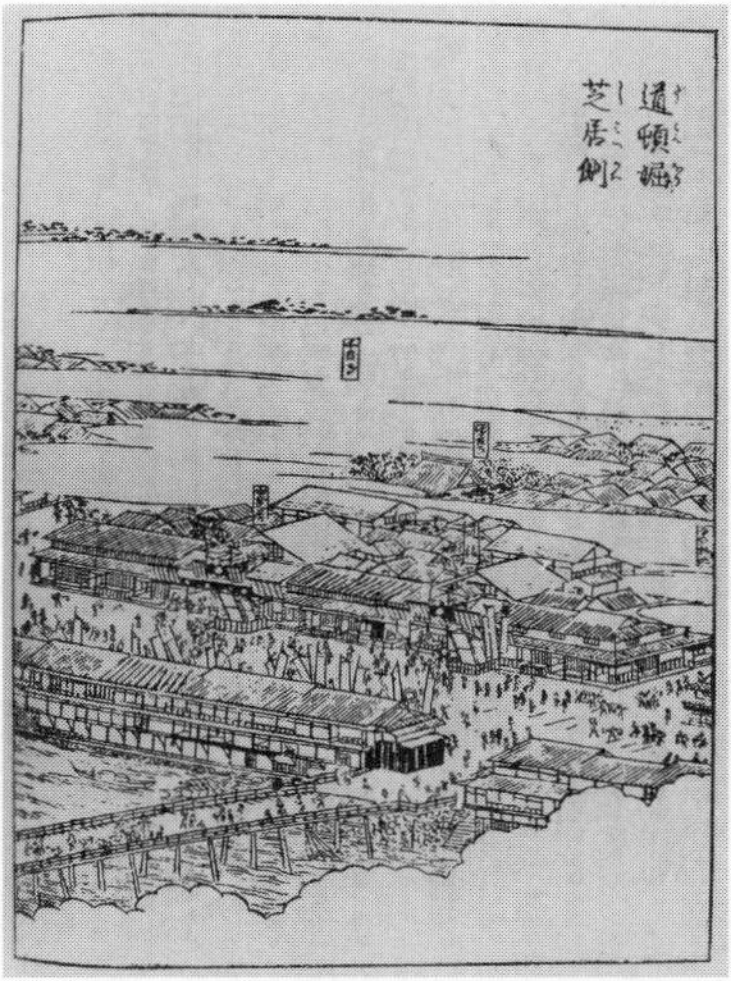
道頓堀の芝居町（『摂津名所図会』）

反権力の砦

現代のアイドルは、風向きが変わればすぐ吹っ飛んでしまうような儚《はかな》い存在である。数年もその人気を保つことは並大抵ではない。ところが江戸時代の名だたる役者は、舞台の上の姿や所作は「評判記」などのドキュメントとして残り、歴史として記憶されている。

近世も後期に入ってからであるが、有名な役者は浮世絵に描かれた。特に「荒事」を得意とした団十郎の絵は、魔除《まよ》けの呪《まじな》いとして庶民に珍重された。役者たちが演じた役柄だけではなく、その衣装や髪型、さらには所作や科白《せりふ》までもが世間の評判となった。このように芝居興行は、当代最新のファッションの発信地となった。

浮世絵に描かれた遊廓の「花魁《おいらん》」も挙げておかねばならない。当代流行の最先端をいくモデルとして、すぐれた遊女の名は有名な役者並によく知られ、その絵は飛ぶように売れた。

そのように人気が高まれば高まるほど、支配権力にとっては、「悪所」と呼ばれた盛り場は、文化風俗の問題としても、黙視できない「場」となっていった。これが第五の特質である。

追われた兇状持ちが逃げ込み、各地方から「無宿」が流れ込んでくるのも盛り場だった。そうなってくると、反権力・反体制の砦となる可能性があった。

そしてこれが一番重要なのだが、第六に悪所は、制度化された「秩序《コスモス》」を破壊し、内側から既存の体制《システム》を突き崩していくさまざまな要素が、集積される「場」になっていったのである。

カリスマ的なスーパースター

盛り場の目玉となる芸能興行は、中世の時代から「散所」「河原者」などと呼ばれて卑賤視された集団が関わってきたことを幕藩権力も十分に承知していた。そして抑圧されてきた賤民の心性には、本来的に反権力志向が潜んでいることもよく分かっていた。

ところが、状況がしだいに変わってきた。そのような潜勢力を舞台の上で造形した歌舞伎狂言が大人気になるにつれて、それを演じた役者たちは、身分は卑しいとされていても、民衆からカリスマ的スーパースターとみなされるようになってきたのである。

ここでもう一度、改めて「悪所」の特質をまとめてみよう。

㈠　地縁的な共同体関係とは無縁な、匿名性が高い非日常的な空間。
㈡　これまでになかった新しい文化情報の発信と収集の機能をそなえた「場」。
㈢　身分の上下を越えて、アウトローを含めて誰でも出入りできる特異な「場」。
㈣　境界性・周縁性を帯びた地域なので、「混沌《カオス》」性が無限に増殖していく「場」。
㈤　遊女が、理想型としてあこがれの的になる人倫秩序の転倒した「場」。

㈥「漂泊する神人」の影が漂い、役者が身に潜めた呪力を表現する「場」。

3 漂泊する神人の影

神人の「カミ・カタリ」

近世の民衆は、歌舞伎役者の背後に古代・中世からの「漂泊する神人」の影を見ていたのであった。彼ら遊芸民は、諸国を漂泊しながら、太古の時代の神々の霊力について「カミ・カタリ」をしてきた。

〈聖・俗・穢〉がまだはっきり分化されていない混沌の時代の神々は、和魂《にぎたま》であるとともに荒魂《あらたま》でもあった。〈聖なるもの〉も〈穢れ〉も、神秘的な大自然の威力のプラスとマイナスのそれぞれの側面の表象だった。〈聖なるもの〉は、ヒトが生きていく糧をもたらす大自然の無限の力の表象だった。そして〈穢れ〉の持つ危険で恐ろしい力もまた、計り知れない根源的自然の表れとしてとらえられていた。

人間が築いた文化の進展と共に、大自然に坐《いま》す神々は、社会の表面では、しだいにその姿が見えなくなる。だが、依然として「混沌《カオス》」に内在していたのである。国家を形成しその権力を握った支配者は、文化を制度化することによって「秩序《コスモス》」を作り出していったが、絶えずその足元を脅かしたのは、カオスの力を潜めていた周縁の部分だった。中世の勧進興行や門付芸を担った遊芸民は、まさにそのカオスの領域から立ち現れ、このはかない浮世の行く末について「モノ・カタリ」したのであった。

近世に入っても、中世の遊芸民の残像が「役者」の芸に色濃く投影されていた。そのような系譜に連なる「役者」は、カオスの側からの挑発的なパワーを身に潜めていたのである。

時代とともに、「さすらいびと」「まれびと」への畏敬の念は薄らいできたが、それでもなお民衆は、歌舞伎の舞台で「漂泊する神人」の面影を幻想することができたのであった。

歌舞伎役者の呪能

「さすらいの芸人」は一所不住の貧しい放浪者であるが、他方では新しい情報をもたらす文化の伝播者だった。彼らの訪れは、在地の集落に新しい刺激を与え、既存の日常性を破る「異化効果」があった。

ハレの日などにたまさかにやってくるから、まさに「まれびと」であった。そういう芸人が来ると、日ごろ鬱屈していた村人もみな集まってくる。漂泊の神人の面影を残す芸人は、諸国からいろんな情報とメッセージを持ってやってきた。そういう中世の時代の歴史的な記憶が、民衆の間にずっとインプットされていた。

そのような在りし日の遊芸民の残像が、歌舞伎の舞台で演じる「役者」の姿と二重写しになっていたのであった。そのことについて、廣末保は次のように適確に指摘している。「芝居者が劇場芸能民として再編成される以前に、主要な形態として呪術宗教的遊行芸能民が存在した」。「悪所は遊行芸能民の歴史を担っていたし、その記憶は深層に潜在していた」。(『辺界の悪所』前掲)

役者たちは、世間では「河原者」「河原乞食」と呼ばれていた。一七〇〇年代の御触書では、役者は「狂言芝居野郎共《やろうども》」とされている(『御触書寛保集成』)。権力によってそうした差別的な賤視観が広められても、民衆は「役者」への畏敬の念をずっと持っていた。むしろ一種の憧憬《しょうけい》の念を持っていたと言えよう。

舞台では長々と川が流れるように科白《せりふ》を唱え、まばゆいばかりの扮装で花道から登場し、場面が転換するとたちまち別の役柄に変身する。とても凡俗の人間には真似できない芸だった。それだけでも畏怖の念を抱かせた。

役者は超人的な呪能の持ち主とみなされ、怪力無双の武人や超人的な鬼神を演じる「荒事」の市川団十郎の肖像画は、魔除けとして大事にされた。もちろん身分の高い貴紳や武家は、下種《げす》のやることだと軽蔑して、その絵を買うことはなかった。

神事芸能とショー・ビジネス

中世の芸能は、神や仏の縁起を語り、もっぱら勧進という興行形態だった。しかし近世に入ると、寺社の権勢から離れて、エンターテイメントとして自立していかねばならなかった。

もともと「神事芸能」であったものが、神事の部分がしだいに希薄になっていった。それに代わって、芸能の娯楽的要素を前面に出していかねばならない。全国的な商品市場の形成と資本の論理に基づく商業主義の中で、まず芝居興行もビジネスとして成立させねばならない。

そのような興行形態が進むにつれて、舞台に立つ芸能人は、神界と人界をつなぐシャーマンとしての呪能的役割をしだいに失ってくる。

神や仏へのお布施だったものが、興行主や芸人に支払う木戸銭になっていく。そうなると、ショー・ビジネスとして、観客を楽しませねばならない。

これまで直面することがなかった新局面が開けてきたのである。つまり、神や仏の顔に代わって、桟敷《さじき》や平土間に座っている民衆の顔が大きく浮かび上がってきたのである。観客の愛顧がなければ、ビジネスとしては成り立たない。

そうなってくると、いつまでも中世的な「漂泊する神人」の面影に頼っているわけにはいかなくなる。時代の推移を見据えながら、中世の時代から「混沌」に内在していた潜勢力を、改めてパワーアップして、近世という時代の舞台の上で実現しなければならない。

支配権力の抑圧をかいくぐりながら、新しい構想のもとで呪術的なパワーを発揮しなければ、観客の期待に応えることはできない。そういう想いが、一日十時間に及ぶ歌舞伎の「続き狂言」の原動力となった。

秩序に挑戦するカオスの場

民衆の愛顧に応えるためには、揺れ動く浮世を活写して、民衆が期待している「何ものか」を表現せねばならない。武家権力の儒教的な勧善懲悪主義を突き破って、民衆が心底から感じている時代の新しい流れを、舞台の上で視覚的に造形していかねばならない。

この世がどこへ流れていくのか。人の生き方はどのように変わっていくのか。

そのような予兆と、新しいタイプの人間像を舞台の上で造形すること、それこそ「悪所」と呼ばれた芝居町がなしうる独自の想像力の世界だった。既成の秩序に挑戦する「カオスの場」となることを民衆は期待していたのである。

上層身分は、河原者の演じる芝居小屋におおっぴらに出入りすることは禁じられていたが、下層の庶民にとっては、「悪所」は息抜きできる数少ない自由空間だった。そこには芝居小屋をはじめ、低料金で木戸をくぐれる見世物小屋、そしてヒラキと呼ばれた大道芸の小屋までズラリと並んでいた。

民衆の側からすれば、権力から日常的に強制されている身分的束縛から、いくらかでも逃れられるのが「悪所」だった。どこに逸走するか分からない危険性と、反秩序的な「何ものか」を潜めていることを、民衆は本能的に嗅《か》ぎ取っていたのである。

そして、そのような舞台を産み出すのは、遊行漂泊の神人の面影を宿す「役者」が、本来的に持っていた呪術的パワーだった。さまざまに考案された舞台装置、そして衣装と化粧による呪術的な変身によって、権力者が思い描くことのできない新しい〈悪の美学〉を創出していったのである。

4　遊女の色事とエロス

近世三大遊廓の成立

三都における遊廓の成立史について簡単にみておこう。まず京都の遊廓である。天正十七（一五八九）年、秀吉が町づくりの一環として二条柳町に指定した遊里に始まる。慶長年間（一五九六～一六一五）に六条柳町に移っていたが、寛永十八（一六四一）年に六条の廓が島原へ再移転させられた。町域から外れた朱雀野の一郭で、西新屋敷と呼ばれた新開拓地だった。そこが「島原」と俗称されるようになるのだが、三年前に起こった「島原の乱」にちなむという説もある。土塀と堀で囲われた廓が、約三万の反乱軍が立て籠った島原の城塞を連想させたのだろう。

次いで江戸である。幕府は元和四（一六一八）年ごろ、日本橋葺屋《ふきや》町の葭《よし》の茂る湿地帯を埋め立てて、市中に散在していた遊女を一カ所に集めた。その遊女町を廓（曲輪）で囲い込んで、庶民が暮らす町域から隔離した。

営業が認められたのは昼間だけで、まだ町人の数は少なく、その頃の主たる遊客は武士だった。寛永十九（一六四二）年刊の仮名草子『あづま物語』では、元吉原の見世二十五軒、遊女は九百八十七人とあるが、その大半は下級の端女郎《はし》だった。

江戸での本格的な新遊廓設置の画期となったのは、明暦三（一六五七）年の大火だった。浅草寺裏の田圃の一郭へ所替えを命じられ、そこに全国一の新しい吉原遊廓が形成された。それ以後、時代によって動きがあったが、吉原の遊女数は二千人から七千人の間を推移した。（元吉原から新吉原へと移転する間の経過を詳しく記した根本史料が、前述した庄司勝富の『異本洞房語園』である。）

大坂の新町は、寛永七（一六三〇）年ごろから市中に散在していた遊里を一カ所に集めて造られた。道頓堀、瓢簞《ひょうたん》町、阿波座堀、天満葭原町など七カ所の遊里を、沼池を埋め立てた新開地に集めて、新町（現・大阪市西区新町）と総称した。周りに壕を掘り竹垣をめぐらして一般町域との境とした。

この新町は、商取引の中心地船場《せんば》に近く、各種の商談や得意接待の場として利用された。元禄十五（一七〇二）年には揚屋二十八軒、茶屋四十九軒、遊女八百二十三人を数えた。商都大坂の社交・文化センターとして活況を呈し、西鶴の『好色一代女』

や近松門左衛門の『冥途の飛脚』など多くの文芸作品の舞台となった。

「盛り場」繁栄の必要条件

このように一六五〇年代には、近世三大遊廓として知られる「京都島原」「大坂新町」「江戸吉原」が成立し、公許の傾城町として全国の遊里のモデルになった。だが近世中期に入ると、最も古い由緒のある島原も、八坂神社のある祇園や天満宮に近い北野の私娼街の遊里に勢いを奪われて、しだいに衰退していった。町の中心から遠すぎたのだが、距離からすれば江戸の吉原もかなり外れにあって、駕籠か馬か猪《ちょ》牙《き》船に頼らねばならなかった。島原の衰退は、町家から遠すぎたというだけではない。祇園や北野はすぐ近くに芝居町が併設されていたから、多くの遊客を集めることができた。

近世都市の「盛り場」が活況を呈するためには、「遊里」と「芝居町」の併存が必要条件になっていった。その条件を満たしていたのが「江戸の吉原・浅草猿若町」であり、「京都の祇園・四条河原町」、「大坂の新町・道頓堀」であった。

これらと並んで「播磨室津」「長崎丸山」「伊勢古市」「安芸宮島」などの遊廓も、しばしば人形浄瑠璃や歌舞伎の重要な場として出てくるので全国的に知られていた。

特に古市は、寛政八（一七九六）年初演の近松徳三作『伊勢音頭恋寝刃《こいのねたば》』で有名になった。遊廓油屋で、伊勢神宮の御師《おし》が遊女お紺との恋の絡みで起した十人斬り事件を劇化した作品である。

もうひとつ「悪所」「盛り場」の風俗を彩ったのは、見世物小屋の出現である。社寺の境内で演じられていた室町時代の放下《ほうか》・蜘舞《くもまい》などの勧進興行が直接の起源とされるが、元禄時代に入ると、全国の都市で小屋掛けの見世物興行が流行した。

京都の四条河原が根源地とされるが、大坂では道頓堀のすぐそばの難波新地、名古屋は大須、江戸では両国と浅草奥山がそのメッカになった。これらの興行をプロデュースしたのは、おもに香具師仲間だったのではないかと私は考えている。

遊里の桜と柳

江戸時代の遊里によく植えられた樹木は桜と柳だった。廓でも世間と同じく五節句を中心に年中行事が催されたが、吉原では、三月の「植え桜」、七月の「玉菊灯籠」、八月の「俄《にわか》」が三大景物だった。特に三月には、根付きの桜を運んできて、仲の町の大通りに飾り植えた。

歌舞伎十八番の一つで二世市川団十郎が初演した『助六由縁《ゆかりの》江戸桜』は、歌舞伎の

新吉原の桜（小国政・画『東京名所之内』）

様式美を代表する傑作である。

幕が開くと吉原の三浦屋の店先で、今を盛りと桜が咲き誇っている。満面開花した桜は、この世の華である遊里にふさわしい花だった。一斉に花開いてさっと散っていく桜は、短い遊女の生を象徴していた。

この芝居は、もとは宝永年間（一七〇四～一七一一）に大坂の千日前で起こった萬屋助六と島原の遊女総角《あげまき》の心中事件をテーマとした、上方では有名な「和事」だった。それが江戸へ移されると、曾我狂言と結び付いた「荒事」に変化し、粋《いき》な男伊達《おとこだて》の助六と華麗な遊女揚巻の舞台は大評判になった。

遊里と一番深いゆかりのあったのが「柳」である。博多の柳町のように遊里に柳を冠している所もあった。廓内の地区名でも柳町は数多く、元吉原にも柳町があった。

廓の出入り口には、「見返りの柳」が必ず植えられていたが、遊客が遊女との後朝《きぬぎぬ》の別れに、あとを振り返る所に植えられていた。俗界と異界との境を示すシンボルとして植えられたとする説もある。

古代中国では、春一番に青い芽をふくので「柳」は生命力の象徴とされ、清明などの節目には柳の枝を門に挿した。また友が遠方に旅立つときには、水辺の柳の枝を折り取って環の形に結んで贈った。柳に霊力があるとする考えは、古代日本でも広まっていた。長寿や繁栄の呪《まじな》いとして、柳を挿頭《かざし》にする風習が『万葉集』にも詠まれている。柳は枝が下に垂れているので、神霊の降臨する聖なる木とみなされていた。

遊里の柳は、何を象徴していたのだろうか。一つは、呪力のある柳にあやかって、遊女との性愛が上首尾に終わることである。もう一つは、柳の枝を相手に贈ると親しい友は必ず帰ってくるという故事にちなんでいる。遊里のしきたりで、「裏を返す」という慣用句があるが、初めての遊女の所へは必ず再びやってくることを祈念したのだろう。格式を誇る吉原では、初回の客とは顔合わせだけで、裏を返した二度目でようやく杯を交わすが、肌を許すのは三回目からという作法があった。

ヒトの本能と「色事」

元禄時代では、「悪所落ち」は遊廓に通うこと、「悪所狂い」は遊里に入り浸ること、

「悪所金」は遊女に入れ込んで使う遊蕩費で、遊里は「悪性所《あくしょう》」とも呼ばれた。「悪性話」は酒色の話であり、「悪性者」は色香に迷う浮気者だった。

この〈悪〉の意味だが、何を指して〈悪〉と呼んだのか。遊女と酒を飲んで歌舞音曲で遊び、情事を楽しむことが悪とされたのか。しばし日常から遊離して、河原者である役者の芸に魅せられることが悪とされたのか。

芝居町は、遊女町から派生したいわば第二次的な悪所だった。第二章でみたように、その源流は遊女歌舞伎にあった。押し詰めて考えてみると、この〈悪〉の根源とされたのは、遊女のセクシーな歌舞であり、彼女らと情事を楽しむこと、つまり「好色」であった。

その「色事」であるが、通常は性的欲求に始まって、異性あるいは同性の間の恋慕の情が募《つの》り、肉体と精神の結合によってコトが成就する。だが、人間の本能の奥底に潜む「好色」は、儒教で説かれるような単純な倫理問題ではなかった。

ヒトの本能に根ざす自由な性愛への欲求に〈悪〉の徴《しるし》を押して、それを闇の世界の「密《ひそ》か事」として封じ込めてしまうこと自体に無理があった。

ここが重要なポイントになるのだが、むしろ真の「色事」は、法に定められた婚姻制度の埒外《らちがい》で発生したのである。次章でみるように、身分制社会における婚姻は、

「家」を継ぐ種をもうけることが第一義であって、愛情があるかどうかは問うところではなかった。

したがって、文学や芸能では、夫婦間の性《セックス》は、そもそも題材にならなかった。実はそこに、性愛の根本に関わる問題が潜んでいたのである。そのことは、先にみたように中世における遊女の歴史を繙《ひもと》けばよく分かる。

このような視座から、「色里」で媚《こび》を売る遊女の内実を深く探って、そこに潜むエロスの問題を正面から取り上げようとする新しい気運が、十七世紀の後期に入ると澎《ほう》湃《はい》として起こってきた。それが〈元禄ルネサンス〉の原動力となった。当然そのような動きは、武家権力がさまざまの御禁令によって定めた規範に抵触したのだが、それを突き破って日本文化史上でも特筆すべき潮流を形成していったのであった。

第六章

〈悪〉の美学と「色道」ルネサンス

箕山も訪れた備後・鞆の浦（現・福山市鞆）。元禄期には「揚屋七軒、夜見世あり」（『色道大鏡』）と賑わった

1　江戸時代の「性」と不倫・背徳

死語になった「道ならぬ恋」

現在では死語になってしまったが、ひと昔前は「道ならぬ恋」という言葉が生きていた。この「道」は人の守るべき「人倫」であって、夫婦道を踏み外した色恋沙汰は「不倫」とする考え方である。

人倫は、人と人との間の道徳的秩序である。新井白石によって宝永七（一七一〇）年に改定された「武家諸法度」の第一条は、「文武の道を修め、人倫を明かにし、風俗を正しくすべき事」とあった。

だが、万古不易の人倫なるものは存在しない。君臣・親子・夫婦・長幼など、人と人との関係のあり方が中心になるが、それにまつわる価値観そのものが、時代と共に大きく変わっていく。戦前では一番大事とされた「君臣の大義」だが、今では口にする者もない。わずか六十年間でこれほど変わるのだ。

戦前では「道ならぬ恋」は法に抵触し、すぐ新聞のネタになった。それが表沙汰になった場合を考えると、まさに「人目を忍ぶ恋」で、肩身の狭い、やるせない情事だった。ところが姦通罪がなくなると、しだいにその箍《たが》が緩んできた。それどころか、敗戦から半世紀経った九〇年代の頃には、「道ならぬ恋」はむしろ〈粋〉であって、それもできぬ者は〈野暮天〉とみなされるようになってきた。昨今では「不倫」という言葉の市場的価値もなくなり、それにまつわる〈悪〉のイメージもしだいに消えていった。数十年とはいわず、数年間も同じ組合わせ《ペアリング》で過ごすと、当然お互いに飽きが来る。男にせよ、女にせよ、絶えず新しい異性に目が向き、未知の領域に挑みたいのが、人間の性《さが》である。

あけっぴろげな古代の性

このように性に関わる道徳観は、時代と共に変化していくのであるが、この日本では古代→中世→近世と、どのように変わっていったのか。ざっと走り書き的にまとめておこう。

まず国家による「性《セックス》」と「婚姻」の規制であるが、男女間の「性」のあり方は、ヤマト王朝の国家法である律令ではどのように定められたのか。

この列島の神話的伝説では、近親相姦《インセスト》を含めて「性」についてはきわめて開放的だったことは先に述べた。三世紀ごろの風俗を活写した『魏志倭人伝』には、「其の俗、国の大人《たいじん》は皆四五婦、下戸《げこ》は或いは二三婦」とある。「大人」と「下戸」という身分差によって、妻の数も違っているが、「一夫多婦」制が行われていたようである。

ただしこの見方は、男を中心とした父系制をとっていた中国の使節が、そのように認識したにすぎない。「多妻」なのか「多妾」なのか、その実態はよく分からない。

女性の側からすれば、どうだったのだろうか。そこに描かれている卑弥呼の原像にみられるように、母系制社会の習俗がまだ色濃く残り、女性シャーマンの呪術的能力が強大な時代だったから、女が主体的に好きな男と通じることも多かったのではないか。

『古事記』『日本書紀』『風土記』を読むと、時代が下がって奈良時代に入っても、「性」に関してはやはり開放的である。性愛は命の営みの根源で、男女の交合も陰陽の和合一体とみなす風俗が残っていた。今日ではインセストとされる情事でも、さらっと描かれている。

夫婦は一つ家に同居せず、夫が妻のもとに通う「妻問婚」だったので、隠し女や忍び男をつくる機会も多かった。後代にみられるような貞操観念や処女崇拝思想は、この時代ではなかったと言えよう。

平安時代に入っても、性の自由を不倫とする考え方は定立していなかった。好きあった男女の性愛はごく自然に行われ、結婚にまつわる契約義務もそんなに厳しいものではなかった。その道で知られた在原業平や和泉式部は言うに及ばず、紫式部や清少納言を例にとってみてもよく分かるが、婚外の自由な性愛が社会的に咎め立てられることはなかった。性欲を煩悩とみなして、それがさまざまの不善と背徳をもたらすとする観念は、出家遁世《とんせい》した者を除けば、社会的通念にはなっていなかった。

王朝時代の自由な性

しかし、律令制をモデルとした社会システムができあがると、家族制度を中心に、道徳的な規範を定める動きが出てくる。つまり、制度化された文化の中に「性」の問題を囲い込み、それを法規制しようとする動きである。

古代の律令では、婚姻外の性的関係は「姦」とし、鎌倉時代の中世武家法では「密懐」として、いずれも罪悪とされて刑が科せられることになっていた。

だが律令の法規は、よく知られているように中国の律令を建前として導入した部分が多く、そのすべてが厳格に実施されたわけではない。「性《セックス》」についておおらかだった時代に、婚姻外の性交が「姦」として罪にされたとは考えられない。

令制には、皇后一、妃二、夫人三、嬪四、合計十人の后妃が定員として定められていたが、それは建前にすぎなかった。后妃や女官たちが住む後宮は、唐の後宮の「佳麗三千人」には及ばないものの数百人の女性が仕えていた。遊女の出で、後宮に入って女房になった例は第三章でみた。後宮の女がそこに出入りする公卿たちと、放縦な性的関係を結んだ事例も少なくなかった。（この問題については横尾豊『平安時代の後宮生活』前掲を参照。数多くの史料文献が引用されていて未整理の部分もあるが、先見的な研究と言えよう。）

先の大江匡房の『遊女記』や後白河院の『梁塵秘抄口伝』にみられるように、どちらかと言えば正「妻」の影は薄く、むしろ遊女上がりの「女房」が大きな顔をしている。ヒトの動物性に由来する本能は、いかに政治力で強制しても、法制度の中に囲い込むことはできない。そこで支配権力の意を体した道学者が、あるべき「人倫」の道を説くことによって、社会的に「性」のあり方を規制することになる。人倫から外れた恋は、しだいに「密か事《ひそかごと》」の領域に押しやられてしまう。

そうなってくると、かえって「好色《エロス》」の精神が頭をもたげてくる。光が当てられているオモテの世界だけではなく、ウラの闇の世界にも惹かれるのが、この世の常である。「人目を憚らぬ恋」が、しだいに「人目を忍ぶ恋」になっていくのだが、そのような移り変わりの激しい時代の「情を交わした秘事」を描くのが、文学や芸能の主要なテーマになっていった。

江戸幕府と婚姻制度

近世の武士社会は、鎌倉期からの武家婚姻法を継承した「一夫一婦多妾制」だった。家格が同じ身分間の婚姻が原則で、「家」の血筋を維持し、その後嗣《あとつぎ》を得ることが第一義だった。愛情があるかどうかは問題ではなく、重要なのは父系の種《たね》であって、「女の腹は借り物」という考えだった。

父系を中心とした長子相続制なので、婚家に入った女はその姓も改めた。いわゆる「嫁入婚」である。古代からの「婿入婚」は、公家社会では中世後期までみられたが、早くから父系制だった武家社会では姿を消していた。

身分制による統制を権力支配の根幹においていた幕府は、異なる身分間の通婚が一般化すると、社会秩序が乱れると考えていた。つまり、血統や家筋の混濁を防止することが、幕府の婚姻法の根本にあった。特に公家など「貴」の身分と上位武士については、通婚の際の規制は極めて厳重だった。

家格の高い武士は、男女両家から幕府に縁組願いを差し出して認可を得ねばならなかった。家格が釣り合っているかどうか、幕府が裁可したのである。したがって身分制の枠を越えた恋慕の結果としての結婚は、支配階層の間ではありえなかった。もし身分の低い女を妻にしようとした場合は、同格の家の養女にして縁を結ぶという手続きをとらねばならなかった。

武士階層に比して、庶民の婚姻はかなりゆるやかだった。他藩に居住する者との婚姻を除けば、公儀の認可を得ることはなかった。身分が下層であればあるほど、「家」の血筋を守らねばならぬという意識は薄くなる。地域の共同体では、「若衆宿」「娘宿」があったから、好きになった者同士が結ばれる機会が多かった。だが不安定な職業など貧のゆえに、結婚できない者もかなりいた。

近世も中期に入ると、同一身分間の婚姻という原則は、しだいに平人の間にも及んでいった。特に地主層や富裕な町人層では、仲人による見合い結婚が一般的になった。もう一つ注目すべきは離婚である。夫側は一方的に離縁できたが、妻側には離婚の自由は全くなかった。妻の離婚請求権が厳しい条件つきで初めて認められたのは、明治維新後であった。

厳格に規制された女の性愛

このような「身分制」と「家格」を維持するための婚姻制では、特に「妻」には貞節を守ることが厳しく求められた。夫のある妻の不義密通は、相手の男ともども姦通とされ死罪となった。(『公事方御定書』下巻四十八)

密通の現場で、自分の妻と相手の男を殺しても罪にはならなかった。逃亡した場合は、その姦夫・姦婦を打ち殺す「妻敵打《めがたきうち》」が、親の敵討ちと同じく合法とされていた。

そのように人妻には、夫以外の男性との交わりは厳禁された。だが夫の方は、人妻でない限り他の女性との性交渉は自由だった。特に武家社会では、家系を嗣ぐ者としての男子正系を得るために「妾」を持つことは公認され、幕府お抱えの儒家も倫理的にそれを肯定していた。

かたや女性の役割は家庭内に限られ、広く社会的に活動する場は閉ざされていた。「家」制度の外にあって、ひとりの人間としてその能力を発揮できる場はきわめて少なかった。

このような男性本位の社会制度の中では、女性の拠り所は、お家のために「子を産む」という母性だけであった。子を産めぬ女は、「石女《うまずめ》」(不生女)と蔑称《べっしょう》されて、家を追われても文句は言えなかった。

そのような武家が定めた婚姻制は、しだいに民衆社会にも及んできて、明治維新後もその骨格は残った。(そもそも「恋愛」という用語自体が、明治期以降に西洋から入ってきた言葉であった。大正・昭和前期でも見合い結婚が主流であって、自由な恋愛による結婚はごく少数だった。)

「地女」と「遊女」

厳しい身分制のもとで女性の活動が制約されていた近世では、男の側にも女の側にも、上流社会では自由に好きな相手を選べる機会はまずなかった。たまたま出会って好き合った仲になり、それが「恋」から「色」へと自然に発展していく——こんなことは、よほど恵まれた稀なケースだった。

家格や身分が違うのに同棲する場合は、表社会から姿を消して逐電するか、極刑を覚悟して「忍ぶ恋」でいくか、その外に道はなかった。

自由な性愛に基づく「恋」が御法度《ごはっと》だった時代に、唯一ひらかれていたのが、遊廓における遊女との「恋」だった。ゼニカネで商売する遊里で、本当の「恋」がありえたのかどうか。それについては後で述べるが、少なくとも「地女《じおんな》」よりは「遊女」の方が、女としての「性」の魅力があるとみられていた。

あまり響きのよくない言葉だが、当時の「地女」は、商売として性を売る「遊女」

に対して、堅気の素人の女を指した。武士にしろ町人にしろ、普通は妻にするのはこの地女である。しかし好き合って一緒になった仲ではないから、妻にした地女との間には灼熱の恋はまず生まれないとされていた。

なぜ恋の相手は遊女なのか。美しい容姿、気まわりのきいた才覚、洗練されたセンス、鍛えられた性の技能、相手の心を思いやる情の深さ——このように良い所だけ並べてみると、すぐれた「遊女」は、たしかに地味な「地女」とは比べものにならない。

身分に制約され、厳しい貞操観念に縛られて、ひとりでの外出もままならぬ女性——そのように女との自由な交遊ができない時代では、手の届くエロスの神は「遊女」しかなかった。遊女との間に本当の恋が生まれる、少なくともその可能性があるとみられていたのである。

第三章でみたように、八〜九百年前の平安期では、院をはじめ名だたる公家や武家たちは、その由緒もよく分からぬ遊女に入れ揚げていたのであった。すでに江口や神崎の遊女の姿は消えていたが、遊女を理想型の女とみる風潮は地下伏流としてずっと流れていた。

そのような「性」にまつわる文化の隠れた部分を掘り起こして、その意味を改めて問うたのが、色道ルネサンスとも呼ぶべき〈元禄ルネサンス〉だった。この新しい潮流の中から、婚姻制という俗世のしがらみにとらわれない自由な性愛、特に遊女との「色事」であるが、それを人間の性の根本に関わる問題として、正面から見据える論述が現れてきた。それが後述する藤本箕山《きざん》の『色道大鏡』であり、柳沢淇園《きえん》の『ひとりね』であった。特に後者は、大江匡房の『遊女記』と並んで、日本遊女史論だけではなく、「女性」論としても最高位にランクされる労作である。

悲劇的な心中の激増

このように近世の婚姻制度に束縛されていた女性でも、抑圧されればされるほど、それに反発したときのエネルギーはすごい。浮世のしがらみを越えて、ついに「地女」も爆発する。その行き着く先が「情死」であり「心中」だった。

熱烈な恋であれば、身分の壁や道徳の枠を乗り越えて、最後には性愛は実を結ぶ。しかし厳しい身分制のもとでは、おのれの分際をわきまえぬ恋の行き着く先は、「相対死《あいたいじに》」（心中）という悲劇的な結末だった。

心中は、もともとは「心中立《しんじゅうだて》」と呼んでいた。男女がその愛情を示すために、誓詞を交わし、相手の名を入れ墨にし、爪や指を切ってその証拠とした。この「心中立」は、もともと男色《なんしょく》の衆道に起源があったが、それが遊里に及んで、さらに庶民の間にも広がってきて、恋の証《あかし》として、お互いの生命をかけるに至ったのである。

その風潮に拍車をかけたのが、近松門左衛門の心中物であった。元禄十六（一七〇三）年の『曾根崎心中』をはじめ、享保五（一七二〇）年の『心中天の網島』、同七年の『心中宵庚申《よいごうしん》』など十一の心中浄瑠璃があるが、そのうち七人が遊女で、それも茶屋女・見世女郎など下級の娼婦だった。（諏訪春雄『心中――その詩と真実』毎日新聞社、一九七七年）

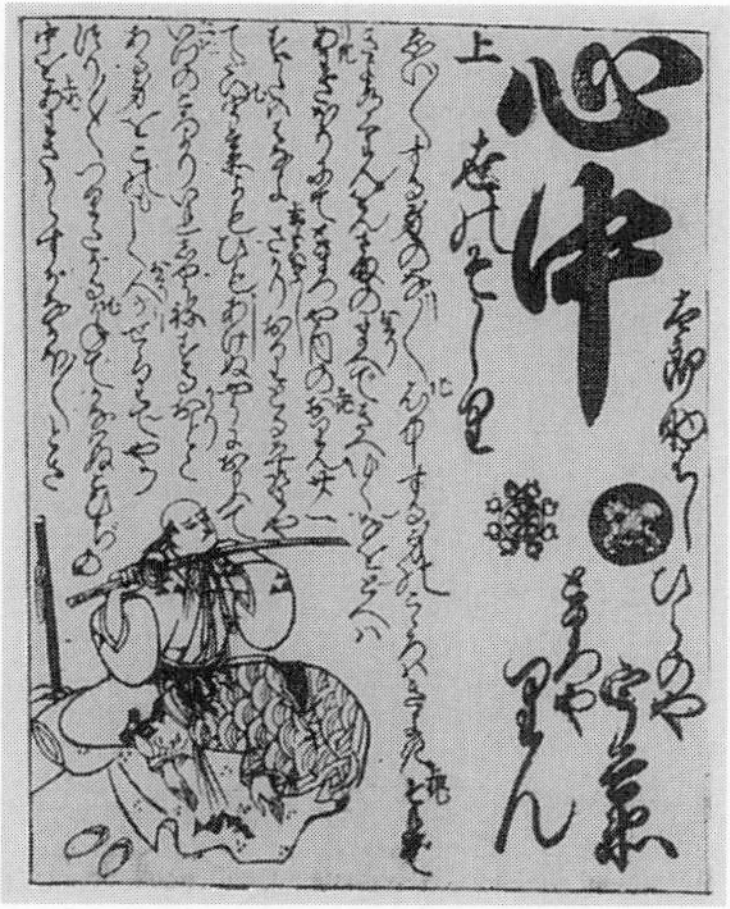
心中事件を伝える「えびや節」の歌本。すぐに刷り物になって巷間に流布した

人形浄瑠璃・歌舞伎の舞台で心中事件が次々と劇化され、〈粋〉の極致として民衆社会では大人気となった。最初は静観していた幕府も、心中礼賛の風潮がはびこると、社会秩序の根幹が揺るぎかねないと考えるようになった。それで享保七（一七二二）年に、大岡越前守の建言によって心

中禁止令を出したが、翌年には次の三カ条を定めた。

第一は、情死した者の死骸は取り捨て。第二は、一方が存命している場合は斬首。両者存命の場合は三日間「さらし者」にして非人手下とする。第三は、心中事件を絵双紙で描いたり、歌舞伎狂言として作り成すことは厳禁。この「御達」で心中はやっと下火になった。

このような女性の性愛の自由を認めない思想は、明治憲法下の刑法（一八三条）でもそのままであった。妻が他の男性と通じた場合は、夫の告訴によって妻と相手の男が姦通罪として処罰されたが、夫の場合は、その相手が人妻でないかぎり処罰されなかった。現行憲法で姦通罪が削除されたのは一九四七年だった。

2　東洋の「妾」制と西洋の「一夫一婦」制

東アジアの一夫一婦多妾制

心中物の舞台は、非業の死をとげた怨霊を弔う「場」だった。多情多感な女性は、そのはかなくて哀しい生涯に、みな涙を流した。エロスの神は闇の中に埋められて、完全に息絶えていたかのようにみえた。だが河原者の演じる芝居の舞台で生き続けていたのである。

先に江戸時代の婚姻形態は、「一夫一婦多妾制」であると述べたが、原型は中国にあった。この「妾」には、正妻の持つ権限は認められていない。広い中国大陸であるから時代と地方によってかなり違いがあったが、「妻」は夫と一体となって家の始祖を祭り、夫の死後はその家産を継承した。ところが妻と同居していても、「妾」にはこのような権限は認められていなかった。ただ子どもは、妻妾の区別なく夫の子として扱われた。

このような父系血縁関係を基盤とした「家」制度は、古代以前から東アジアに広がり、この列島にも伝わったとみられるが、確かなことは史料がないので分からない。朝鮮でも父系血縁関係による家格が重視されてきたが、李朝時代では身分制（両班《ヤンバン》・中人・常民・賤民）による婚姻と長子相続制が確立していた。

「性」支配の家父長制については、性的差異を性差別に転化させる婚姻制度を含めて、社会制度史や家族制度史の視座から精緻な比較研究が必要である。

さらに一言しておくと、東アジアの「一夫一婦多妾制」と、西欧のキリスト教社会の「一夫一婦制」との比較文化史的な研究は、「性」に関わる文化だけではなく、宗教学からみても興味深いテーマである。

そのポイントは、古代中国を源流とする儒教文化圏の東アジアでは、「性《セックス》」そのものを原罪とする思想は生まれなかったところにある。

ところがキリスト教文化圏では、人間の本能に由来する「性」そのものが、人類の始祖が犯した罪とされた。旧約聖書『創世記』では、蛇にそそのかされたイブが、次いでイブに誘われてアダムが、神に背いて禁断の木の実を食べた。その結果、神罰によってこの世の苦しみを背負うとされた。

性を原罪視する思想

このように「性欲」そのものを神が与え賜うた原罪とみる思想は、旧約聖書を源流とするユダヤ教と、それから枝分かれしたキリスト教に色濃く刻印されている。性欲を原罪とする教典の神学的解釈は、キリスト教の教義の根本に関わる問題の一つだった。その解釈をめぐって多くの論争がなされ、そこからさまざまの異端が生まれた。

新約聖書では、使徒パウロがガラテヤの教会に送った書簡『ガラテヤ人への手紙』

がその典拠とされるが、ローマ・カトリック教会では子を産むための生殖は認めたが、性愛の快楽を肯定する思想は否定された。教会の司祭としてキリストに仕える神父は、恋愛も結婚も認められなかった。獣姦・同性愛・自慰は言うまでもなく、堕胎や離婚も禁じられた。性交の形態も、野獣が行うような体位は厳しく咎められた。

禁断の木の実を食べようと誘ったのは女のイブであって、男のアダムではなかった。始源の物語から魔性を潜めていたのは女であって、そのような構図のもとで、中世の時代におびただしい「魔女」伝説が創作された。「性」の原罪を女に背負わせることによって、父なるキリストを始祖神とした父系社会を築いたと言えるだろう。それが成り立つためには、神の母とされた聖母マリアは、天使から受胎告知を受けたとされねばならなかった。

ここでは深く立ち入らないが、「性交」そのものを悪の快楽とみるローマ教会の規制に対して、反対の声をあげたのはM・ルターらのプロテスタントだった。しかしそのプロテスタント派も、夫婦の間の性愛を認めただけで、男女間の性愛の自由は否定した。このような性交及び性愛をめぐるカトリシズムとプロテスタンティズムの論争史だけでも一冊の著作になるが、人類の性愛史を考える上で見逃せない大きい問題が内在していたと言えよう。

幕府のキリスト教禁圧

莫大な富をもたらす西洋との交易が新時代をひらく鍵になることを知りながら、秀吉に次いで家康が、しだいにキリシタン禁制に転じていった。やがて徳川幕府は、ポルトガル、スペインという戒律の厳しいカトリック教国の布教を厳禁した。それにとって代わってオランダとの通商だけを認めた。

日本にきた宣教師は、熱烈な求道精神でその理念を説いた。カトリック教派では、他宗教の教義を否定し、異教徒を厳しく糾弾することはよく知られていた。

その布教を認めた信長の時代では、有力大名を含めて急速に民衆の間に広がり、最盛期には三十数万人になった。宣教師たちは、戦災孤児の教育、貧困にあえいでいる難民たちの救済、「癩者」をはじめとした病院の建設、すぐれたカリキュラムによる初等教育学校の開設など、目を見張るような実践活動を軸にして教線を延ばしていった。(沖浦「ザビエルの訪れた香料列島」、『海のアジア』第四巻、岩波書店、二〇〇一年所収)

当時の仏教の諸派は、そのように底辺の民衆の生活とじかに触れあった社会活動を全くやっていなかった。多くの下層民が入信したのは、イエスの教えに感動したというよりは、神父たちの献身的なボランティア活動を目にして、その実践に感激したのであって、このことは日本宗教史上でもきわめて大きい問題だった。

このように信徒が増えてくると、西洋文化が民衆社会に浸透していって、その支配圏の一部になってしまう。幕府がそのような危惧を抱いている時に、目を付けたのがオランダだった。

その頃のオランダは、海外交易による商業立国を目指している新興のプロテスタント国家だった。他教に寛容でリベラルな新教徒が、国民の中では多数派だった。それで他国にキリスト教を強制することはなく、領土的野心もなかった——それゆえにオランダとの交易に踏み切ったとするのが大方の意見である。もちろんそれが最大の理由だった、と私も思う。

西洋の「悪所」とオランダ

次の話は私の仮説である。

実は、もう一つ表には出ない理由があったのではないか。ポルトガルの商人たちは、インドのゴアをはじめとする植民都市では奴隷売買によって巨利をあげ、キリスト教徒にあるまじき放縦な生活を過ごしていた。（この問題については古賀十二郎『丸山遊女と唐紅毛人』長崎文献社、一九六八年、をはじめ参照すべき文献が多い。)

宣教師たちがそのような腐敗を指弾告発した文書が残されている。その先頭に立ったのが、F・ザビエルをはじめ、当時のローマ教会の中でも戦闘的に布教したイエズス会だった。

それはさておいて、幕府にしても西洋人の「性道徳」の実態については、最初はよく分からなかったのだろう。だが、男女の「性」を原罪とするカトリック教の教義体系を知るに及んで、幕府の上層部もこういう性道徳を強制されてはかなわんと思ったのではないか。朝廷の「後宮」を模して、さらにスケールアップした江戸城の「大奥」などは、蓄妾制度の醜悪なモデルとして真っ先に槍玉にあげられる。

今日でもオランダは、さまざまの戒律を法で強制しない自由主義をモットーとしていて、私人の問題は原則的に自己責任として、国家が法でもって規制しない。

アムステルダムの旧大聖堂の周りに有名な「飾り窓の女」の街があり、百軒以上のポルノ・ショップが並んでいる。この旧聖堂は、スペインの統治下にあった頃のカトリック信仰の中心だったが、宗教改革の際に新教徒によって、内部の華麗な装飾や祭壇はすべて破壊された。

まさしくアムステルダムの旧聖堂周辺は際立った「悪所」である。日本の近世時代の「悪所」の多くが神社仏閣の周辺に成立したという事実と考え合わせると、きわめて興味深い。

3　「色道」賛美と元禄ルネサンス

公娼制に踏み切った幕府

話を本筋に戻そう。幕府はなぜ遊廓を公認したのか。今日の大方の意見は次のようである。全国各地に遊廓ができると、男女の人倫を紊乱させる〈悪〉の根源地になることは分かっていたが、必要悪として幕府は遊廓を公認したとする説である。

特に江戸では、都市造成のために諸国から多くの屈強な働き手が入り込んできていた。さらに参勤交代が制度化されると、諸国の大名の家臣団が妻子を国許に残して江戸詰めとなった。その数だけでも四、五十万人にのぼると推定される。

人口百万を超える江戸では、女性よりも男子人口が圧倒的に多くなってきた。これらの男たちの性の欲求を充たす治安対策の一環として、俗界から隔離された「遊廓」

の制度化に踏み切り、公娼制度を認可した。しかし吉原遊廓一カ所だけでは、当初は約二千の遊女しかいなかった。そこで非公認の娼婦街である「岡場所」での売春も黙認したとする説が有力だった。

治安と人倫を重視する公権力とすれば、公娼制による集中管理システムは、政治的にコントロールしやすいし、税を取り立てるにも利便だった。

この解釈はそれなりに理屈が通っている。だが、このような政治的統制論だけで片付けてしまったのでは、人間にとって最も重要な「性」の問題を、生理的な排泄作用に矮小化してしまうことになる。

こういう論法では、文学や芸能の根源にある性愛《エロス》の奥深い原層に踏み込めないし、「悪所」論は平俗な道徳論に貶《おとし》められてしまう。つまり遊廓の設置を、体制側の政策的対応とみるだけでは、遊廓＝悪所に内在する文化史的な意味をとらえることはできないのだ。

公文書に「悪所」の表記なし

『徳川禁令考』は、明治期に司法省が編纂した江戸幕府法制史料集である。それに載っている関連史料を調べてみても、遊女町と芝居町を管轄する町奉行が、これらの在所を「悪所」と規定した文書は見当たらない。

公認した遊廓を「傾城町」「遊女町」と呼んでいるが、ことさらに「悪所」とは断じていない。

芝居町についても同じである。厖大な史料を集めた『江戸歌舞伎法令集成』（吉田節子編、桜楓社、一九八九年）で調べてみても、芝居町を「悪所」と呼んだ公文書は見当たらない。芝居町に住む興行主が、役所に出した願書では「芝居地」と記している。

寛文元（一六六一）年十二月に、江戸の「芝居町」を堺町・葺屋《ふきや》町・木挽町五丁目六丁目に指定し、他の町に設けることを堅く禁じた。そのときの「触」では、「野郎共《ども》の宿所」が分散しているので一カ所に集住せしめるとある。このように「野郎町」と記した例はある。

その頃は、遊女歌舞伎も若衆歌舞伎も禁制とされ、前髪を剃って野郎頭となった男たちの歌舞伎だけが認められていた。奉行所では、役者たちを「野郎共」と呼び捨てにしていたのだが、悪所とは呼んでいない。

よく考えてみると、それは当然である。「悪所」と規定すれば、公儀がその設置を認めることは道理に矛盾することになる。公権力が道義的に〈悪〉と認定したものは、そのまま放置できず、法的に禁止しなければならない。

幕府の支配層は、中世以来の遊女の歴史について知らないわけではなかった。人間の自由な性愛への希求が、現行の婚姻制度と矛盾することもよく知っていた。それなりに苦慮しながら、新時代に対応する遊女政策を実施したのであった。

遊女の「種姓」

新しい遊廓の設置と、それに伴う遊女の増大に対して、体制側の思想家はどのように反応したのか。その代表的な論述をまず紹介しておこう。

幕府は儒学を統治思想の基本においたが、その主流は新儒教とも言うべき朱子学だった。

荻生徂徠（一六六六〜一七二八）は、享保年間（一七一六〜一七三六）に活躍した儒者だが、その立場は朱子学に批判的な古学だった。〈元禄ルネサンス〉をその青年期につぶさに実見してきた徂徠は、人倫をかき乱す方向に、時代思潮は流れつつあると考えていた。八代将軍吉宗の求めに応じて、『政談』四巻を経世の意見書として提出した。

弛緩《しかん》する社会体制を立て直すために、より強力な法治体系の確立を説いたのだが、その中で「遊女・河原者」について、「これらは元来その種姓各々《おのおの》別なる者故《ゆえ》、賤しき者にして、弾左衛門の支配にすることなり」と述べ、穢多頭の弾左衛門の支配下とすべきだと説く。

そして次のように言う。「遊女・河原者の類」が賤民とされてきたのは、和漢・古今ともに同じであるが、近頃では平人の娘が遊女になり、河原者が商売人になっている。こういう風潮が広がって、「歴々の者」（高位身分の者）でも遊女を妻にするようになったが、これは遊女も平人と同じ種姓と考えるからだと断じて、徂徠は次のように結論する。

かくの如く遊女・河原者平人に混ずるよりして、遊女・野郎の風俗平人に移り、当時は大名高位の詞《ことば》使いにも傾城町・野郎町の詞を遠慮無く使い、武家の妻娘も傾城・野郎の真似をして恥と云うこと知らず、これは当時の流行《はやり》ごとにて、宜しからざる事なり。これを真似ぬは田舎者なりと言い罵《ののし》りて、風俗以てのほか悪く成りたること、皆種姓の混乱より起こる事なり。古法の如く種姓を正し、遊女・河原者の子を、男をば野郎にし、女をば遊女とし、平人と混ずる事を堅く禁じたらば、この悪風自《おのず》からやむべきなり。

最近は色町・芝居町の言葉や風俗が市井で流行して、武家の妻娘も、遊女や役者の真似をしている。このような「悪風」を改めるにはどうすればよいか。「遊女・河原者」の子どもは、男は野郎（役者）に、女は遊女にして、平人と混じることを禁じよ。そうすれば、この「悪風」は止むと提言したのである。

徂徠のいう種姓は、ヒンドゥー教のカーストと類似した観念である。ヒンドゥー教では、異なるカースト間の婚姻は厳禁され、同じ種姓による地位・特権・職業の世襲を原則とした。

だが、それと正反対に遊女の性を高く評価する意見が、同時代に出てきた。それが朱子学者だった柳沢淇園の『ひとりね』である。

大流行した男色

中世寺院における寵童の存在、院をはじめ公家の間で行われていた男色《なんしょく》もよく知られていて、歌舞伎でも恰好のテーマとなった。*1

中世も後期に入ると、この風潮は、新興武士階級の間にも広がっていった。戦国時代には尚武の気風からことさら男色を賛美する思想が蔓延し、武田信玄と高坂弾正、織田信長と森蘭丸のペアは、誰知らぬ者もないほど有名だった。

近世に入ると、町人文化の興隆につれて男色は庶民の間にも広がり、兄分と弟分との契約・義理を重んじた「衆道」が当世の流行風俗となった。

江戸初期に若衆歌舞伎が流行した頃は、前髪のある少年俳優は、男色の相手として大人気になった。これらの若衆は「色子」「陰間《かげま》」と呼ばれた。若衆のいる「陰間茶屋」が、遊女を抱えている「浮世茶屋」と共に繁盛した。

そういう性風俗については、幕府もよく承知していた。問題はそれにどう対応するかであった。江戸初期では吉原遊廓の上客は武士であり、男色が流行する先駆けとなったのも、派手な服装で練り歩いて無頼を看板にした「かぶき者」の旗本奴《やっこ》だった。

＊1　男色は歌舞伎でもよく取り上げられたが、「清玄桜姫物」は特に有名で、多くの作者が舞台化した。近松も『一心二河白道《いっしんにがびゃくどう》』で、女色・男色の二道に狂う高僧清玄を描いた。

四世鶴屋南北の『桜姫東文章《あずまぶんしょう》』は、長谷寺の僧自休と稚児白菊丸の「心中」が発端となる。生き残った自休はのちに新清水寺の清玄となり、白菊丸は吉田家の息女桜姫として生まれ変わる。かどわかされて女郎になった桜姫は風鈴お姫と呼ばれ、「公家の姫言葉」と「鉄火な伝法言葉」をちゃんぽんにした科白をつかう。

京の日野中納言の娘と称する女郎が品川の遊女屋で評判になったが、真っ赤な偽者と分かって追放されたという巷間の噂話、それに高僧と稚児との「男色」を絡ませて、奇抜な生世話狂言に仕立てた南北の快作である。

「色道」賛美論の登場

遊女の淵源は古く、奈良時代の『万葉集』に出てくる「遊行女婦《あそびめ》」から平安期の「遊君《ゆうくん》」「白拍子」「傀儡女《くぐつめ》」など、その流れは絶えなかった。

しかし遊女との情事・性愛を、この人の世の「色道」として正面から取り組んだ書物はなかった。大江匡房の『遊女記』にしても、色道の内実について具体的には言及されていない。

その画期となったのが、元禄年間（一六八八～一七〇四）にさしかかる一六八八年頃に成立した藤本箕山《きざん》の『色道大鏡』だった。タイトルに用いられている「鏡」は、「鑑」の字も当てられるが、人の世の「手本」「規範」の意である。つまりかくあるべき色道のモデルが、百科全書的な手法によって、遊里を中心に堂々と例示されたのである。

同じころ、遊里を中心に情事・色事を主題とした浮世草子が堰《せき》を切ったように出版された。その皮切りが西鶴の『好色一代男』だった。西沢一風・江島其磧《きせき》・錦文流など、男女間の情事や男色を描いて「色道」を賛美する作家が相次いだ。

ほぼ同時代に浮世絵の祖とされる菱川師宣（一六一八？〜一六九四）が、市井の女性の生き生きとした姿態を描いた。遊里風俗は浮世草子の挿絵として数多く描かれるようになり、男女の性行為をストレートに、しかも誇大に描いた「枕絵」がもてはやされるようになった。

遊女との色事・情事を〈粋〉として讃える思想が、体制権力も押しとどめることのできぬ奔流として、正面から「色道」を名乗って地表に噴出してきたのである。

そのような新思潮の、表現の「場」が悪所だった。支配権力によって抑圧され囲い込まれた「場」が、支配者の思惑と違って、新しい文化情報の中心地に転生した。大げさに言えば、世界史でもあまり例を見ない文化革命であったと言えよう。

そういう「色道」ルネサンスとでも呼ぶべき新潮流が、上方を中心に形成されていったのだが、新興階級として急速に成長してきた都市の町人層がそれを支え、やがて武士の文化を凌駕する新しい文化として育っていった。その流れの大きな推力となったのは、人形浄瑠璃と歌舞伎に代表される舞台芸能だった。

4 嘘の奥に誠あり――遊女の真実

猥雑な「場」の転生

そのような「悪所」における「好色」賛美論を軸として、〈元禄ルネサンス〉と呼ぶべき新しい文化潮流が形成された。ルネサンスは文字通りに言えば「再生」であり「復古」である。私なりに言えば、古代・中世の「性の自由」を再生させ、江口や神崎の遊女の面影とその心根を、再び現世で見ようという運動だった。

そのような新しい動きが、徳川幕府のお膝元で武家の権力機構が集中した江戸ではなく、新興の町人層が経済的実権を握っていた上方から、まず発生したことも注目される。

幕府の思惑とは裏腹に、「悪所」が近世文化の重要な発信地となっていった。賤民性を色濃く帯びている「悪所」は、権力の中心から疎外されればされるほど、抑圧されている民衆のエネルギーの溜まり場になっていった。秩序から外れた異界なので、絶えず新しいメッセージを挑発的に発信する混沌の場となった。

あろうことか、不道徳で猥雑な場として周縁の地に隔離されていた色町と芝居町が、文芸や絵画の主舞台になっていったのである。

「悪所通い」、「悪所狂い」は、十七世紀前半の寛永期の頃は、上層町人のサロン的な貴族趣味を満喫させたに過ぎなかった。だが元禄期に入ると、多くの庶民層を巻き込んで近世都市文化形成の原動力になっていった。もう一度強調しておくが、そのような元禄期の新潮流を代表したのが、井原西鶴の小説、近松門左衛門の戯曲、竹本義太夫の音曲、菱川師宣の風俗画であった。

悪所が生んだ美学

天和二（一六八二）年に刊行された西鶴の『好色一代男』によって、人間の色欲をテーマとした浮世草子という新しい小説のジャンルが確立される。

西鶴は、その巻五で、大坂の新町を「悪所」と呼んでいる。「吉野の夜桜」見物、つまり新町の夜景を吉野の夜桜見物に例えたのであった。

ここでは濃密な意味を含んだ場《トポス》として「悪所」が出てくる。「夜桜」は夜の床に侍《はべ》る遊女の象徴的表現である。その頃、夜も開かれていたのは遊里だけで、一般の店は夜の営業は禁じられていた。その〈悪〉の観念は、儒教者流のそれではなく、もっと深い意味で用いられていた。あとでまとめてみるが、一口で言えば〈色〉に彩られた悪所であって、〈意気〉〈粋〉〈艶〉の美学は、この「悪所」での遊女との交遊から生まれるとされた。

西鶴は、紋切り型の遊女賤視観や娼婦淫女観に対して、当時「女郎」と呼ばれていた遊女を、時代の荒波に抗して健気《けなげ》に生きる魅力ある女として描いてみせたのである。その意味では、ひとりの女郎の生涯を描いた『好色一代女』を高く評価したい。特に大雲寺の五百羅漢堂でその恋の旅路をしのぶ最後のくだりでは、薄幸の女の生涯に対する西鶴の切々たる想いが込められている。

婚姻制度にとらわれない自由な性愛の交歓を、人倫の一つの道として「色道」と呼び、遊女のエロスを肯定する立場から書かれている。淫乱・妖艶・猥褻とされて裏世界に追いやられていた性風俗が、〈意気〉〈粋〉〈艶〉として表世界に出てきたのである。

「悪所」とされた遊里から発生した新時代の人間の感性・気風が、〈悪の美学〉とでも呼ぶべき新しい価値意識に転生させられたのだ。

『露殿物語』の貴重な視点

ここで西鶴の浮世草子が出てくるまでの、近世初期に刊行された仮名草子について一言しておかねばならない。室町時代の御伽《おとぎ》草子のあとを受けて出てきた草子類であるが、小説としてはまだ物語性に欠けている。

その中で私が注目するのは、遊里を取り上げた最初の近世小説と言える『露殿物《つゆどの》語』である。関ヶ原戦後まだ二十年しか経っていない寛永初期の成立と推定されるが、作者不明である。絵巻物三巻にほとんど仮名書きの本文が付されているが、創設当時の元吉原と京の六条三筋町の遊女評判記が絵入りで描かれている貴重な作品だ。

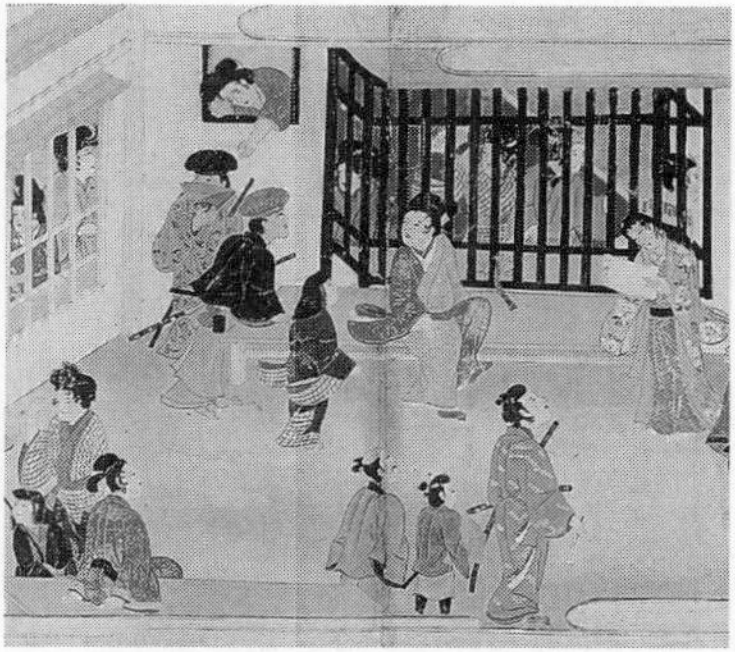

寛永年間の京都六条三筋町遊廓（『露殿物語絵巻』）

筋立ては単純で、武家生まれの美少年の露の介が、浅草観音に詣でた帰りに吉原を訪れて太夫と馴染みになって駆け落ちするが、追っ手に取り戻される。その女が京に逃げたと聞いて六条三筋町を訪れるが、そこで有名な吉野太夫と深い仲になる。二人の女の愛欲に悩んだ末に仏心を起こして出家し、女も尼になる。

特にその冒頭の一節は、なかなか興味深い。天地が開けて以来、男女の陰陽道がずっと伝わってくるが、鳥も蛙も虫も、いずれもこの道を歩んできたと言う。

それ天ひらき地かたまりしよりこの方、伊弉諾《いざなぎ》・伊弉冉《いざなみ》の尊《みこと》、天の磐座《いわくら》にして、みとの溝合《まぐわい》ありしより、男女の語らいをなし、陰陽の道ながくつたわる。花になく鶯、水にすむ蛙、千種《ちぐさ》にすだく虫、いづれかこの道をしらざる。かるがゆゑに遊女というものいできて、人の心を浮からかし、万《よろず》の興《きょう》とぞなれりける。

それよりさらに下って、次のように遊女礼賛論を述べる。

朝顔の夕をまたぬ花よりも、はかなかりける身の、世の営みにのみまどわれて、心の楽しみをしらざる事こそうたてけれ。ただ遊べ、なぐさめとて、老いたるも若きも、貴きも賤しきも、遊女にたわぶれあそぶとかや。つらつら古《いにしえ》をひいて今をみるに、歌うも舞うも法《のり》の声、悪というも善、煩悩というも菩提《ぼだい》なり。祇王・

祇女・仏どちらが大道心、今もありとなり。

貴賤老若を問わず、みな遊女とたわむれ遊ぶが、古き時代をかえりみて今の世相を考えてみると、歌も舞も仏の声であって、悪といわれているものも善であり、煩悩は悟りである。そして、あの清盛に愛された三人の遊女は、いずれもみな立派に往生したではないか、と言い切る。この「悪というも善」「煩悩というも菩提なり」という断言に特に注目したい。

藤本箕山の色道探求

元禄期の浮世草子や色道を説いた通俗書の多くは、諸国遊里の特色、遊廓での作法、遊女の評判記など、遊客のための遊里案内・遊里細見がおもな題材だった。要するに「傾城買いの秘伝」を売り物にしていたのであった。

だが、生活のために春を売っている遊女と快楽を求めてやってくる遊客との間の手練手管を描きながらも、その域を越えて、人間の本能に根ざしたエロスの本質に迫ろうとする色道論が現れてきた。そのような新思想の旗手のひとりが藤本箕山（一六二六〜一七〇四）だった。

箕山は京都の富裕な町人の家に生まれたが、早く父母に死別し家督を相続した。十三歳の頃から「遊宴の悪風にふかれて花肆の色門に入り、これを諫むる人なければ、これを是として年を重ぬ」と、明暦二（一六五六）年に刊行した大坂新町遊廓の評判記『まさりくさ』の序で述べている。

島原の遊廓で色道に足を踏み入れ、ついに「破家去国の身」となった。破産して財を失い、京を去って大坂に移った。それから色道の奥義を究めるために遊里漂泊の旅を続けた。

そして約二十五年をかけて『色道大鏡』を書き上げた。生涯を通じて妻子眷属《けんぞく》を持つことなく、「我一人かたちを風雲になぞらへ、身を草葉の露に置」いて過ごした。もちろん「世間退出の身」であるから、あちこちの遊里を訪ねる蓄えもない。大尽として遊んだのではなく、落魄した「末社」として遊里を辿ったのであった。末社とは、いわゆる「太鼓持ち」のことであるが、幇間《ほうかん》まがいの仕事をしながら遊里探訪を続けたのだろう。

箕山の色道探求を支えたのは、彼の裾野の広い教養だった。俳諧は松永貞徳に師事して、いくつかの世に知られた俳句を残した。古筆目利《こひつめきき》（古人筆跡の鑑定家）としても名高い。また三味線や箏曲《そうきよく》など音曲にも通じていた。「逢いたさ見たさは飛び立つばかり、籠の鳥かや恨めしや」という当世投節《なげぶし》の作者と伝えられている。この「投節」は、島原の遊女が歌い始めた流行歌として知られていた。長唄や浄瑠璃などの三味線音楽で、遊里特有の情緒を表現する旋律として広く愛好されていた。昭和前期まで口語体の男女相聞《そうもん》歌としてよく歌われた「都々逸《どどいつ》」の前身である。

恐るべし柳沢淇園

多彩な文化芸能に通じ、「色道」の樹立にその生涯の大半を捧げた藤本箕山が、なかば失意のうちに没したのは宝永元（一七〇四）年だった。ところが、見えざる神の思し召しだろうか、その後を継いで色道をさらに深めるすぐれた文人が、その同じ年に生まれた。

その名は柳沢淇園《きえん》（一七〇四～一七五八）。江戸で生まれた淇園は、れっきとした武家の出だった。その父は、五代将軍・綱吉の小姓から十五万石の大名に成り上がった柳沢吉保の家老だった。淇園は、父の晩年に妾腹から生まれた。七歳にして馬廻役二千石を与えられ、学問をよくし、多芸多趣味の少年期を過ごした。柳沢家に出入りしていた荻生徂徠とも知り合ったが、徂徠とは違って朱子学を学んだ。

恵まれた環境のもとで育ったこの早熟多才な少年は、後に書画の達人として有名になるが、他方では琴・三弦・鼓などの音曲を得意とし、さらに本草学や博物学を学んでいた。

このように硬軟両道に深い関心を持っていた少年は、早くから吉原に通って三味線や河東節《かとう》を学び、揚屋の亭主仲間とも交わって、色の道でもその名を知られるようになった。

もちろん能や歌舞伎にもよく通じ、芝居小屋にもよく足を運んだ。当時大流行した西鶴や江島其磧の作品にもよく目を通し、もちろん浮世絵も愛蔵していた。早くに『青楼夜話』を書いた。青楼は遊廓であって、若くして色道に足を踏み入れた体験記であるが、残念ながらこの書は後世には伝わらなかった。

『ひとりね』の文学的価値

享保九（一七二四）年に藩主が甲府から大和郡山に移封されたので、淇園も居を移した。そこで書き上げたのが『ひとりね』二巻二冊だった。享保十（一七二五）年ごろの成立とみられるが、確かなことは分からない。

ともかく二十一、二歳の青年が、思いつくままに書きつづった覚え書風の随筆で、『徒然草』をモデルとしたようである。（岩波版「日本古典文学大系」、『近世随想集』に収録。淇園の生涯については、同書の中村幸彦の解説を参照されたい。）

私の結論から先に言えば、この『ひとりね』で展開される「遊女」論は、藤本箕山の『色道大鏡』に説かれた「色道」論の域を超える卓見であった。

箕山も近世第一級の多芸多才な文人だった。だがこの淇園は、「近世畸人《きじん》伝」に入れられるような奇人だったことは間違いないが、むしろ天才というべき異能である。

もし日本古典百選が編まれるとすれば、私はこの書を上位にランクする。そこに引かれた古代・中世の古文献の博捜《はくそう》ぶりもすごいが、当代の文化風俗を縦横無尽に論じていて、その該博な知識に驚かされる。その軽妙洒脱な文章もさることながら、私が一番感心したのは、その遊女論で垣間見られる淇園の情味豊かな感性であり、いつでも他者の立場から考え、その心情を思いやる心遣いである。

この書では多くの引用がなされているが、目立つのは、あちこちで聞き取りをしていることだ。それも身分の隔てなく、「女郎」あがりの女房の回想など随所にちりばめられていて、武家のタテマエではなく、ひとりの遊人のホンネとして語られている。

そういう切り口は藤本箕山にはみられなかった。淇園の遊女論が、『色道大鏡』の域を超えて、「遊」と「性」の問題を一歩も二歩も深めることができた理由もそこにある。はっきり言えば、この『ひとりね』の女郎論は、先にみた荻生徂徠の遊女論の対極にある。この二人に交流があったことは同書にも出てくるが、両者の結論は正反対だった。

嘘の奥に誠あり

それでは淇園の遊女論の心髄はどこにあるのか。その遊女論は『色道大鏡』の水位を超えていると先に述べたが、どこをどのように超えているのか。

淇園は、「昔も今も、遊女といえばただ人をそそのかし、あしざまの風俗とのみ思う人多し」と言う。しかし、こういう人は「この道にくらき故」に、そのように思い込んでいるにすぎないのだ。『古今集』『撰集抄』などに歌をとられている中世の遊女を例に挙げ、昔の「江口の君」などは「いやらしき風俗にあらず」。よく考えてみると、彼女らこそ「本邦の文化おおいにひらけし印にこそ」と断言する。つまり中世の遊女は、「わが国の文化が花咲いたシンボルだ」と言うのだ。

ところで近世の遊女だが、「色里ほどうつりやすく、かわりやすきものはなし」というのが現実で、遊廓の太夫たちも『枕草子』『栄花物語』などの古典を読んでいるが、どこまで分かっているのかと淇園は嘆いている。

この『ひとりね』の遊女論の真骨頂は、もう一歩先にある。「地女」と「遊女」を比較して、遊女との「恋」が本当の恋であると言う。「地女の恋路はうすく、色里の恋路は深し」――多くの人はそんなことは信じられない、「地女は真実も真実、真っ赤な真実なるべき」と反論する。そして、女郎は夜ごと日ごとに色を買う人が変わるが、どうしてこんな女郎に恋路が深いわけがあろうか、と問うてくる。

淇園の結論を述べておこう。ポイントは二つある。一つは「女郎は嘘をつくもの」という世評がまかり通っているが、はたしてそうか。もう一つは「女郎は貧の出」であるということ、この事実をどうみるか。この二点が淇園の遊女論の要点である。

遊客は遊女の手練手管は百も承知で、誓紙を書き爪を切って恋を誓っても、「嘘というこことを知りつつ」やっている。だが、その「遊び」の中に、その「嘘」の奥に、やがて真実の恋を掘り当てることができる。「遊ぶ内に恋路はあり」が――それ彼の結論である。

なぜそうなのか、淇園は言う、「すべて恋路はさてもさてもむごらしいとおもうふびんの心と、可愛らしいとの二つが、先《まず》おほねになる事也」。すなわち、恋情の根本は、無慈悲だと思う哀れみの心と、可愛らしいという感情である。このように淇園は言い切る。

女郎と云ものは、貧も貧、大切な子を売に出すほどの事なれば、至極貧なるによりて、ひとたび妻にしてからは、その夫に見捨てられてはならぬという心が有《ある》なれば、心底深しという。夫も、引とるほどにはまりたる色といい、引とるほどの事は色のみにかぎらず、ふびんなりと思う心底が専一成《なる》により、我見捨てば、どうもならぬとおもうより、ひとしおふびんをかくること深し。

この言葉は、女郎を女房にしたある男の談話なのだが、もちろん淇園は心底から賛成してこの話を紹介している。このような底辺からの目線で、「女郎」の人間性をみていたのである。

「悪所」論の系譜

箕山の『色道大鏡』と淇園の『ひとりね』――この二著に着目して、「色道の樹立」と「遊廓の文化的生産力」を正面から論じたのは、阿部次郎『徳川時代の芸術と社会』(改造社、一九三一年)である。阿部は人格主義を標榜する哲学者として知られ、『三太郎の日記』は戦時中もよく読まれた。その専攻分野からすれば、この書は意外なテーマであった。

『色道大鏡』と『ひとりね』を比較して、箕山の色道は「外部的」観察であるが、淇園のそれは「主として心法にかかっている」と阿部は言う。この阿部の指摘は卓見である。

近代以降の代表的な「悪所」論としては、明治末期から大正期にかけて永井荷風が展開した一連の『江戸芸術論』、大正末期ではこの阿部次郎の著作、そして戦後では廣末保の『辺界の悪所』（前掲）などが挙げられる。いずれも遊女論史・芸能論史に残る労作である。

「悪所」礼讃の基本的ベースを設定したのは、第七章で述べるように永井荷風だった。阿部は荷風に刺激されてこのテーマに着手した、と私は考える。だが性愛《エロス》については、哲学者にふさわしく一歩も二歩も掘り下げた見解を展開している。

私は「悪所」論の根本は、〈悪〉〈遊〉〈色〉〈賤〉の四つの観念をキーワードとして全体的に解明せねばならないと考えているが、荻生徂徠が論じた「遊女・河原者」にまつわる〈賤〉の問題について、もう一歩の深い踏み込みがなされていたならばと思うが、戦前では無理だった。それも時代的な限界であったと言うべきか。

一言つけ加えておくと、戦後に『完本色道大鏡』（友山文庫、一九六一年）を詳細な解説を付して世に出したのは、京都大学で近世文学を講じていた野間光辰だった。その解説で、箕山に取り組むきっかけとなったのは阿部次郎の著作だったと明言されている。なおこの解説のナマ原稿は一九三九年に書かれている。（私は戦中の旧制浪速高校で、近世文学論を担当していた野間光辰の講義をじかに聞いた。だが「色道」の問題には全く触れられず、そういう研究をされているとは露知らなかった。「色道」などを教壇で論じたならたちまち軍部から睨まれる時代だった。）

5 〈悪〉の美学と性愛

〈善〉と〈悪〉をめぐる人間観

哲学や宗教の分野でも、〈悪〉の観念はきわめて多義的であって、簡単には規定できない難問である。多くの哲学者や宗教家がこの命題をめぐって苦闘してきた。

人間の本性については、古くから孟子の性善説と荀子《じゅんし》の性悪説が知られているが、そのように単純に割り切ること自体が無理だったと言わねばならない。孟子や荀子の説は、それはそれで一理あったのだが、所詮は二千三百年前の儒学的人間論である。*1*2

〈善〉と〈悪〉とは、二項対立で考えられているが、何が善であり、何が悪なのか、時代と風土によって大きく異なる。ひとりの人間にしても、その性《さが》は、善なのか悪なのか決めつけることはできない。私もそうだが、誰もが〈善〉と〈悪〉の両界に生きているのだ。善人面《づら》した人間には、意外に曲者《くせもの》が多いのだ。

勧善懲悪を説く江戸時代では、「君に忠、親に孝、夫に貞節、友に信、長幼に序」――この「五倫・五常」を守ることが〈善〉とされた。戦時下に習った「修身」は、まさにこの「五倫・五常」が中心だった。しかし敗戦をきっかけにもろくも崩れ去った。

もちろん〈悪〉は、そんな水準で論じるような底の浅いものではない。〈悪〉は人間の実存そのものに深く食い込んでいて、人類の発生史の始源から、ことのほか根源的なのだ。

＊1　ほぼ同時代、ギリシャの哲学界でも、人生の目的を精神と肉体の快楽を中心に説いた「エピクロス学派」、神の摂理であるロゴスに従って克己・禁欲の道を説いた「ストア学派」、その両者を独断論として批判して〈真・偽〉〈善・悪〉の判断を保留した「懐疑派」――この三派の激しい論争が展開された。

戦後すぐの私たちの若い頃は、エピキュリアン＝快楽主義者、ストイシズム＝禁欲主義という決まり文句で理解されていたが、そういう単純な読み方が間違っていたのである。「快楽」とは何かという問題を論じるだけでも、何冊もの書物が必要だろう。〈善〉と〈悪〉をめぐる三派の解釈はなかなか意味深長であって、現代にも通じる尖鋭な問題提起であったと言える。

＊2　ユダヤ教・キリスト教・イスラム教など一神教では、〈善〉は万物の創造主である絶対的唯一神の摂理として説かれるから、定義づけはさほど難しくはない。厄介なのは、多様な自然風土から生まれてきたアニミズムを基盤にしていた仏教・儒教・ヒンドゥー教など多神教の場合である。八百万神《やおよろずのかみ》が坐すこの列島では、「荒ぶる神」も〈善・悪〉では割り切れぬパワーを潜めていた。

〈悪〉の呪力

この短く儚《はかな》い人の世を生きていて、〈悪〉の魔力というか、その呪力に惹かれない人間はいない。いたとしても、もののあわれが分からない無粋《ぶすい》な朴念仁《ぼくねんじん》である。「おい、ちょっと悪所を覗いていこうか」と誘われれば、誰もが少し胸をときめかす。（付言しておくと、「善所」は仏教用語で、来世に生まれる浄土、すなわち仏の坐す極楽である。）

〈悪の美学〉というフレーズはよく耳にする。だが、〈善の美学〉という用法は聞いたことがない。なぜ〈悪〉には美学があって、〈善〉にはないのか。このように考えてみるだけでも、〈悪〉の意味深さが分かる。

この場合の美学とは何か。絵画・音楽や芸能で表現される〈美〉は、動物としての人間の自然性に根ざした感覚・感性・知覚が根本にある。まさに〈美〉は、科学的思考による悟性的な判断や倫理学が説く道徳的な規範とは、全く位相が異なる価値意識である。

四代目松本幸四郎（東洲斎写楽・画）

つまり、何を〈美〉と感じるかは、それぞれの自然的感性と官能の豊かさに基づいている。もちろん、生まれ育った土地の民俗や生活環境とも深く関わっていて、個性的な想像力や構想力などの瞬発的な全体化作用である。

江戸期の絵画で一例を挙げれば、東洲斎写楽《しゃらく》の歌舞伎役者を描いた大首絵《おおくびえ》がよく知られている。デフォルメを利かせた大判の黒雲母摺《くろきらずり》の似顔絵である。大胆なデザインと戯画的な誇張によって、それぞれの役者の役柄の陰影がたくみに表現されていた。

それが蔦屋重三郎の店先で売り出された当時は、浅草・吉原界隈に住む素性も分からぬ無名の絵師の作品だった。役者を河原者として賤視する支配身分からすれば、このような役者絵は、〈美〉であるどころか、〈醜〉そのものであった。それが今では重要文化財になっている。

哺乳類であるヒトの本性

なぜ〈悪の美学〉という慣用句が成り立つのか。〈悪〉という観念にしても、その内容をきっちり定義することはむつかしい。理性や悟性のレベルではとらえきれないある種の呪的な力が潜んでいる。

大自然が産み出した動物の一員であるヒトには、まさに数百万年前の「野獣」の時代に胚胎した不可思議な本能が潜んでいる。その最たるものが「性欲」である。それがなければこの世はまことに無事平穏であろうが、その反面で、オモシロクナイ世の中になるだろう。

われわれヒトの本性は、誤解を恐れずに言えば、この「獣」性の上に文化の衣をまとっているにすぎないのだ。〈悪〉の魔力もそのような作用の一つであり、この「獣」性と身にまとった「文化」性との相克の中から、〈悪の美学〉が生まれるのだ。

哺乳類の一員としてのヒトの動物性が直《じか》に表れているのは、㈠水と食料の「飲食」とその「排泄」、㈡他の動物を狩ってその「肉」を食い「皮」を用いる、㈢なかなか制御できない「性欲」、天上の快楽をもたらす合歓、すなわち「性交」、㈣女性の「経血」と男子の「精通」、そして「出産」――思いつくままに言えばこの四つである。

これらの行為の多くは、今日の日常的感覚では、「猥雑で他人からのぞき見られたくないもの」とされていて、それを隠すことが当然とされてきた。だがよく考えると、哺乳類という動物であるヒトとして、どうしても避けられない根源的な生命現象である。

いかに高尚な文化のもとで生活していても、これらは、生命の再生産のための必要な自然現象なのだ。それを、他者の目から隠さねばならぬコトとして、穢れとみなし、不浄と呼んできた。そして「人倫」や「道徳」の名によって、このような根源的な問題を、闇の領域に追いやってきた。しかし、よく考えてみると、そこから〈悪の美学〉が立ち上がってくるのではないか。

〈悪〉の両義性

「悪」を冠した名も知られている。源義平が悪源太、左大臣藤原頼長が悪左府、平景清が悪七兵衛《しちびょうえ》という異称で呼ばれた。この場合の「悪」は、体が大きく力が強い、計り知れない猛々しさがある——そういった人並み外れたデモーニッシュなパワーを指していた。

中世で「悪党」と呼ばれた集団も、権力からすれば山賊・海賊に類する無頼の徒、すなわちアウトローであって、検断権を行使して駆除すべき輩《やから》であった。だが民衆の側からすれば、荘園主などの抑圧と搾取に果敢に立ち向かう正義の味方だった。

このように〈悪〉には、既成の秩序《コスモス》を破壊し、さまざまの混乱を引き起こす猛々しい力が内在しているとされた。しかしその力はまた、だれきった日常性を破壊して、新しいものを産みだすエネルギーを潜めていた。「呪力」という言葉は、混沌《カオス》の底知れぬ力を象徴していたのであった。

そのような混沌の力をその肉体に潜めていたのが、周縁の世界に隔離されて、賤視されていた遊女と遊芸人であった。傾城町には浮かれ女と呼ばれた遊女がたむろし、芝居町では遊芸民の出である役者が小屋で演じている。この両者に通底するキーワードは〈遊〉である。両所を〈悪〉と規定する観念は、この〈遊〉と深い関連があり、それはまた〈色〉と不可分な関係にあった。

つまり〈悪〉〈遊〉〈色〉〈賤〉が渾然一体となって、「悪所」に凝縮されていたのだ。そこに潜む呪力が、時代思潮を変える大きい原動力となった。

ヒトの「色事」「情事」

この地球で生命が誕生したのは約三十八億年前とされているが、原初の生物は雌雄の区別のない単細胞で、自分の体を分割することで増殖してきた。確かにこの「無性生殖」は、相手がいらないので生殖効率は高い。だが、生まれる子は、親と全く同一の遺伝子のクローンであった。それゆえに、絶えず変化する環境への適応性が弱かった。

ところが、雌と雄の異なる細胞の合体から生まれる「有性生殖」の場合は、遺伝子の新しい組み合わせによる新形質が生じるので、環境へ適応していく多様性を増やすことができた。

ヒトは、精巣のあるオスと卵巣のあるメス——この二つの個体の性交によって、遺伝子の異なる新しい個体を産んだ。それによって種を維持してきた。まさに神業《かみわざ》としか言いようのない進化だった。[*1]

しかしその代わりに、オスとメスとの性交の前に、一連の複雑な行動が必要となった。ヒトもその一員である哺乳類では、内性器・外性器の分化という第一次性徴に始まり、思春期に入ると第二次性徴が発生し、オスには「精通」、メスには「月経」が起きる。

そして性ホルモンとフェロモンの分泌にともなって「性欲」が生じ、さらに〈求愛行動‐恋愛‐性交‐妊娠‐出産〉という、複雑な精神の作用を伴う回路を経て、ようやく生殖が完成し子どもが産まれる。江戸時代でいうところの「色事」は、このようなプロセスをたどったのである。

＊1　ヒトは今日では哺乳類サル目ヒト科に分類されている。自然人類学者が用いているカタカナで表記される〈ヒト〉は、自然性そのままの哺乳類ヒト科であることを指している。それに対して〈人間〉は、制度化された文化と構築された都市文明の中で、教育・学習と環境整備によって今日のような姿に変身したヒトである。（この問題については、人類学者の尾本恵市と沖浦との対談「ヒトは、いかなる星のもとに生きるのか」、『現代の理論』二〇〇四年秋号を参照）

「好色」の根源にあるもの

本章のまとめを兼ねて、人間の生命活動の根本に関わる「好色」の問題を、次の六つのレベルに分けて整理しておこう。

㈠他の哺乳類は、性周期というか繁殖期がかなりはっきりしている。だが、いわゆる霊長類とされるサル目、特にヒトやチンパンジーにはそれがない。つまり、いつでも、どこでも、相手があれば発情できる。いや、相手がなくても、自らの想像力だけで発情できる。したがってヒトは思春期に入ると、場所と時間を選ばない性欲の昂揚と精力の排泄——そういう生得的な問題に苦悩することになる。

㈡ヒトが子孫を残すためには、性交の相手を見つけて子を産まねばならない。しかし、このゴマンといるヒトの群れの中で、性愛の相手を見つけることも、これまた神のみぞ知る偶然であった。大自然の計り知れぬ力によって、情を交す異性との出会いもある。そのことを太古のヒトは神の思《おぼ》し召しとして感知していた。

㈢〈性愛〉の原理についてはよく分かっていなかったが、〈性欲の高まり↓色恋の感情↓愛撫と性交↓妊娠↓出産〉という一連の過程には、大自然の神々の呪力が作用していると感じていたに違いない。そういう深い思いから、アニミズム思想が広がり、大自然に坐す神々に、自分たちの願い事を祈念する神事が始まった。

㈣確かに人間は、子孫を産んで種を保存するという目的で性交を行った。だが文化の進展とその制度化によって、動物的な獣性から次第に離脱するにつれて、生殖行為とは別に、「色恋沙汰」が人間のコミュニケーションの重要な問題として浮上してきた。

㈤東洋の儒教圏では一夫一婦多妾制が主であった。同格の家と家との間で定められた婚姻が制度化された。自由意志による色恋によって結婚したわけではなかった。夫婦間の愛情は、結婚の必要条件ではなく、あれば良い程度のものであった。それゆえに婚外での「暗い情念」は、余計に燃え盛ることになった。

㈥「性」にまつわる煩悩や雑念がなければ、この世は無事平安であったに違いないと、改めて思い返す年配者も少なくないだろう。だが、そういう煩悩がなければ、それはまたそれで、この俗世からさまざまな情念に彩られた「色事」が消え失せることになる。


そうなると、〈色〉〈恋〉〈情〉〈粋〉〈通〉で表現される「ウラの世界」がなくなる。想像するだけで、おもしろくない世の中である。だからこの浮世で生きていくのは、なかなかむつかしい。

第七章

文明開化と芸能興行

電柱が立った吉原遊郭・仲の町（明治期）

1　近世末期の大衆文化の状況

化政期の民衆文化

十九世紀初頭の化政期（一八〇四〜一八三〇）を頂点に、広汎に興隆してきた下からの民衆文化をどう評価するか。そのことは、日本社会の近代化の内容を見定める上で、きわめて重大な問題である。化政期から維新までの数十年間の大衆文化の状況を、これまでのまとめを兼ねてざっと並べてみよう。

㈠　世界でもトップクラスの書籍出版点数と、三都（京都・江戸・大坂）と地方都市におけるジャーナリズムの形成。

㈡　経済の実権を握った町人階層の主導による広汎な信用制度の確立。そして全国的市場を基盤にした情報流通機構の整備。

㈢　地方を含めれば約二万と推定される「寺子屋」の創設。読み書き算盤《そろばん》の普及と識字率の上昇。

㈣　在地の農村にまで広く浸透していた実学奨励・技術振興の気風。

㈤　港町・宿場町・門前町・鉱山町の発展。それに伴う交通網の整備。民衆の間で活発になった「旅行と巡礼」ブーム。

㈥　「悪所」を中心とした都市の盛り場（遊女町と芝居町）の発展。そして地域社会まで広がった歌舞伎・人形浄瑠璃など「芸能興行」の隆盛。

㈦　民間陰陽師・山伏・神巫《みこ》など、遍歴する遊行者・遊芸民による「民間信仰と民俗芸能」の伝播。全国では三百種類に及ぶ門付芸・大道芸の広がり。

㈧　遊里と美人画、歌舞伎図と役者絵——この二つを柱として、悪所風俗を描いて民衆に大受けした「浮世絵」。十九世紀のフランス印象派やアール・ヌーボーに大きい衝撃と影響を及ぼし西洋でも高く評価された。

このように化政期の民衆社会の文化レベルを考察してみると、単純に比較することはできないにしても、十九世紀前期の西洋社会に劣らぬ独特の文化体系が構築されていたことが分かる。

〈民〉が主導した大衆文化

しかも〈官〉の主導ではなく、〈民〉の独自の力によって、これらの文化やそれを運営するシステムが創出されたのである。

もちろん〈官〉の側が関与していた部分も少なくなかったが、特に先にみた㈥㈦㈧の分野は〈民〉の自力によってなされた。これらの領域では、士農工商に入らない周縁の民が主導した。〈官〉はむしろ、その勢いを抑圧し管理統制する側に回ったのである。

江戸期の社会文化の体系は、ごく簡単に図式化して言えば次の四層構造から成り立っていた。㈠天皇・公家を中心とした貴族文化、㈡幕藩体制の基幹を成す武家文化、㈢農商工の領域で活動した百姓・町人の文化、㈣周縁の民とみなされた賤民の文化。

そして十七世紀末の元禄時代の頃から、商工業の実質を担った町人文化という新興勢力のヘゲモニーのもとに、西洋社会に見られぬ独特の「大衆社会状況」が形成されていった。一口で言えば、近世文化の先導者は、朝廷貴族や武士階層ではなかった。政治権力から疎外されていた町人と周縁の民が、文化の最前線を次々に切りひらいていったのである。

そういう点では、世界の文化史だけではなく、アジアの文化史でも稀なケースであったと言えよう。一五四九年に初めて日本にやってきたフランシスコ・ザビエルをはじめとして、江戸期に来日した西洋人たちの感想や記録を読んでみても、彼らは異口同音に日本の民衆文化の水位の高さ、その多様性と独自性に驚いている。

元禄期を頂点に、多様な文化芸能が花咲いたが、それはいわば第一次文化革命の時代だった。その約百年後の天明期から化政期に、さらに第二次の高揚期を迎えた。

政治・経済・社会の全領域で、幕藩体制の危機を告げるきざしがはっきり現れてきた。民衆は、身分制が耐え難い桎梏《しっこく》であることをじかに肌で感じていた。「悪所」から発せられるメッセージに触れることによって、既存の日常性を破る異化効果を身に受けるようになった。

特に挑発的な発信を続ける場となったのが、江戸の浅草・吉原だった。京都の四条河原、大坂の道頓堀を凌いで、日本第一の「悪所」に発展していった。芸能の中心地になっただけではなく、日本の絵画史にその名を残す多くの浮世絵師の活躍の場となった。

「悪所」で蓄積されたエネルギーは周縁部で絶えず増殖していって、じわじわと浸透してくる。そのような大衆文化高揚期を代表する人物を二人挙げておこう。出版業者の蔦屋《つたや》重三郎（一七五〇〜一七九七）と劇作家の四世鶴屋南北（一七五五〜一八二九）である。

蔦屋重三郎は江戸ジャーナリズムの推進者となったが、彼は吉原で育った。その地縁に支えられて廓内の版元として出版活動を始め、『吉原細見』などで大当たりをとって資本を形成すると、それを元手に江戸最大の文化プロデューサーになった。

蔦屋重三郎の活動の場として自在に形成された網の目は、まさに近世後期の日本文化の華として結晶した。大田南畝・宿屋飯盛《やどやのめしもり》などの狂歌ネットワーク、北尾政美《まさよし》をはじめ歌麿・写楽・北斎などの浮世絵グループ、さらに山東京伝・十返舎一九・曲亭馬琴といった小説家は、いずれも蔦屋重三郎の力によって世に出た。

悪所発信のメッセージ

このようにして維新より数十年前に、下からの民衆文化革命とも呼ぶべき裾野の広い大衆文化状況が成立する。もちろん、平賀源内・渡辺崋山・高野長英・安藤昌益・杉田玄白など、武家出身を含むすぐれた文人・科学者の活躍も見逃せぬが、彼らの多くは幕藩機構からはみ出たアウトロー的な存在だった。もしもこのような先見的なグループが、明治維新の先陣に入っていたならば、その近代化革命の方向はかなり違ったであろう。

ところでこの化政期は、武家政権の爛熟期であり、文化的には退廃と倒錯の時代だとよく言われる。はたしてそうか。そういう見方は、きわめて一面的ではないか。

この時期は、商品市場が全国隈《くま》なく形成され、商工業部門を中心に産業構造の大幅な転換が引き起こされて、農村地域社会にも、じわじわと新しい都市文明が浸透していった。

あえて言えば、日本独自の市民社会の原型の形成期であり、個我の本性に目覚めた民衆の活力を基盤として、大衆化社会が都市から地方へ拡大する段階にあった。

つまり、近代日本の基礎が築かれた大転換期なのだ。明治維新が政治のレベルでの近代の起点であるとしても、経済・社会・文化のレベルでの〈近代の起点〉は、十八世紀後半から十九世紀初頭の時期に胚胎し、特に文化のレベルではこの化政期にあった。

大きい歴史的転換期としての化政期は、その反面では「不安と危機」を潜めた時代でもあった。黒船の来航に象徴される国際状勢の新展開、民衆文化の急速な水位上昇による大衆社会状況、儒教的モラルの崩壊による価値観の混沌化——そういう土壌の中で、かつてみられなかった新しい人間類型が育ちつつあった。そのような時代の動きをいち早く感じとって、それを造形化したのが鶴屋南北だった。

鶴屋南北が活写した民衆社会

今日では江戸期最大の劇作家として、近松門左衛門と並んで鶴屋南北の諸作品が高く評価されている。その代表作『東海道四谷怪談』は、よく知られていた赤穂浪士の討ち入り事件を素材とし、数多く創作された「義士外伝」の余聞《よぶん》（こぼれ話）として書かれた。

武士の鑑《かがみ》とされた四十七士の壮挙は、寛延元（一七四八）年に二世竹田出雲などの合作で『仮名手本忠臣蔵』として上演された。『四谷怪談』は、『忠臣蔵』のウラ番組として、文政八（一八二五）年七月に江戸の中村座で初演された。

注目すべきはその上演形式だった。『忠臣蔵』と『四谷怪談』と併せて二日がかりの大興行だった。一日目の午前中に『忠臣蔵』の前半、午後に『四谷怪談』が上演され、二日目の最終幕が有名な討ち入りの場面となる。忠義に殉じた義士とそこから脱落した素浪人――その対照的な生き方を、観客は同じ舞台で同時に観るのだ。そのような演出方法の複雑な仕掛けによって、厳しく検閲する役人の目を巧みにくらました。四十七士からドロップアウトした民谷伊右衛門と、その妻お岩の哀れで悲惨な物語である。市井の色恋沙汰を描いた「世話物」でありながら、凄まじいまでに武士道の「忠義」「貞節」「義理」の実態を暴いてみせた。崩れいく幕藩体制を批判する尖鋭な目が、そこに潜められていたのである。

その二カ月後にやはり中村座で初演された『盟三五大切《かみかけてさんごたいせつ》』も、赤穂浪士・不破数右衛門と芸者・小万の破滅的悲劇を描いた力作だった。南北の旺盛な執筆欲には驚かされる。

鶴屋南北の多くの作品では、表立っていないが、儒教的倫理や仏教の戒律は否定され、身分の高い貴人や武人も只《ただ》の人と揶揄《やゆ》される。公卿の息女が宿場女郎になって岡場所で春をひさぐ巷説を舞台化した『桜姫東文章《あずまぶんしょう》』も、南北の異能を十分に発揮した傑作である。公家の生まれの桜姫を、風鈴お姫という遊女に転生させ、下層民の世界に投げ込んで、生き生きした伝法《でんぽう》な女として再生させる。いなせで勇み肌の女を「伝法」と呼んだ。

新しい人間像の造形

民谷伊右衛門に代表される「色悪《いろあく》」という役柄も、倒錯的な美意識で表現された新しいタイプの人間だった。身分制に縛られた人間類型からはみ出した、新しい個性が造形されたのである。さまざまな矛盾を抱えながら成熟しつつある近世末の大衆社会の胎内に、そのような人間が育っていることを、南北は本能的に嗅ぎ取っていたのであった。

市井風俗のリアルな描写、残虐な殺し場やきわどい濡れ場、奇抜な趣向によるスペクタクルな舞台構成——その希有な触覚と嗅覚はどのようにして育ったのであろうか。もし南北が富裕な町家に生まれていたら、このような鋭い感性を身に付けることはできなかったであろう。

そのことは、江戸の下町の話し言葉をそのまま取り込んだ口語体の文体についても言える。その厖大な劇作ではよく賤民が登場するが、それは彼の出自と無縁ではなかった。

今日の近世演劇史研究では、不世出の天才だった鶴屋南北は、職人の中でも賤民に近い紺屋職人の出であったことが明らかにされている。郡司正勝の研究によれば、幼名を「紺屋の源さん」と呼ばれた南北は、乗物町（現・日本橋堀留町一丁目）に生まれた。駕籠《かご》を製造し、実働の駕籠屋も住んでいた町である。そのすぐ隣が芝居町の堺町・葺屋《ふきや》町で、太鼓の音や三味線の音が流れてくる所だった。

そして草創期の芝居町だった禰宜《ねぎ》町は、享保十七（一七三二）年版の地誌『江戸砂子』によれば、そこは雪踏《せった》を作り商う「革の町」であった。「紺屋も駕籠屋も雪踏屋も、傾城屋も芝居者も差別されていた同一の身分」と、郡司は結論している。同一の身分かどうかは別として、大づかみには〈賤〉に近い民であったと言えよう。（郡司正勝『鶴屋南北』中央公論社、一九九四年）

ところで『四谷怪談』は、随所にドキュメンタリー風の写実がみられるが、江戸の市井に伝わる怨霊の巷談をもとに組み立てられている。南北は、妖怪・怨霊ばやりの当時の時流に乗りながら、怪談噺を下敷きにして、四十七士からドロップアウトした浪人の末路を実録風に仕組んだ。

破滅的人間としての「色悪」

この作品は〈善〉と〈悪〉との対比で構成されているようにみえるが、そうではない。勧善懲悪という二項対立的な〈善ー悪〉の世界を突き抜け、人間の意識下にうごめくさまざまの欲望や衝動を描くことによって、社会通念をバラバラにしてみせること——狙いはそこにあった。

南北は、規範的な〈善〉に対して、意識的に〈悪〉の世界を対置した。しかしその悪は、歌舞伎でいう「実悪」ではなくて、世話物の新しい類型である「色悪」の悪であった。

「実悪」は、王朝の転覆や大名家の横領をたくらむような悪逆非道の極悪人である。皇位を狙う平将門、主君に反逆した武（明）智光秀、天下を震撼させた怪盗石川五右衛門などがよく知られているが、彼らの果たせなかった野望に、民衆は秘かに声援を送った。この世をひっくりかえす反《アンチ》・英雄《ヒーロー》の登場を、民衆は心底では待ち望んでいたのである。

ところで「色悪」は、外見は白塗りの優男《やさおとこ》でありながら、どこか虚無的な雰囲気が漂う小悪党という役柄である。しかもこの「色悪」は、計算高い性格も併せ持っているので、近代的な人間類型にきわめて近い。この「色悪」は、いくぶん反秩序的な悪の要素を内に秘めている。しかし「実悪」が持っていた反逆の権化《ごんげ》のような存在感はない。自分のエゴと欲望に固執し、無法者《アウトロー》の烙印を押されることを覚悟しながらも、生き抜くためには世間体も構っていられないのだ。

南北が創造した「色悪」は、十九世紀初頭の歴史の大きい転換点に現れた新しいタイプの人間像だった。しかし、依然として浅薄な勧善懲悪的思想が主流であるこの時代では、破滅的人間として生きる外はなかった。

下層社会に生きた「悪婆」

もちろんこの「色悪」は、「実悪」物のような大ドラマの主人公にはなりえない。近代に入れば、そこらへんにゴロゴロしている連中である。伊右衛門の色悪ぶりは、今なお現代に通底する蠱惑《こわく》的な魅力を持ってわれわれに迫ってくる。鶴屋南北の芸術家としての凄さは、実にこの「色悪」の造形にあった。

夫に裏切られ毒薬で殺されたお岩は、怨霊となって暗闇をさまよう。お岩の情念は社会の不条理に向かって復讐を始めるが、それは忍従を強いられてきた「地女」の爆発した姿であった。

もう一つ南北が創造したキャラクターで注目されるのは「悪婆《あくば》」である。若女方が演じるのだが、妖女タイプで気風《きっぷ》のよい姉御《あねご》気質の役柄である。愛する男のためならば、ゆすり・たかり・人殺しも平気でやるが、こういう類型もまた、新型人間の出現であった。

近世前期の若女方は、可憐で美しくて貞淑、そういった儒教的モラルにぴったりの「地女」の理想型が多かった。だが、近世後期に入るとガラリと変わってくる。もちろんそれは、先にみたような時代相の大きな変転が基底にあった。おとなしくてしとやかな「地女」では、もはや観客の喝采を博すことはできなかったのだ。

「悪婆」について服部幸雄は次のように指摘している。このような「悪婆は、社会の最下層の階級からヒロインとなって登場してきた点に最大の特質がある」。江戸語の成立を背景にした「生世話」の世界から生まれた新しいタイプの女性像で、彼女らは「非人の女房、蛇使い、軽業や門付けの女芸人」として登場した。(服部幸雄『歌舞伎ことば帖』岩波新書、一九九九年)

このように民衆に人気があったのは、「実悪」「色悪」「悪婆」など、〈悪〉を冠した役柄であった。この〈悪〉には、閉塞した時代を下から覆す反逆者の意思が投影されていたのである。

天保の改革と浅草への集住

一八四〇年代の天保の改革で、江戸で櫓《やぐら》免許を得ている中村・市村・森田崎の三座、操《あやつ》り芝居の薩摩座と結城座、これらの座はすべて浅草に移された。移転を命じられたのは天保十二(一八四二)年十二月である。その年の十月に中村座と市村座が焼失したので、劇場側から再築願が出ていたが、幕府はそれを許可せず、浅草聖天町《しょうでんちょう》(のち猿若町)への移転を命じた。

その申渡書を見ると、転地の理由は、「俳優等の身分差別を忘れて町家の者と同様に立交る事、狂言の仕組み卑猥にして市中に悪風を流す事、且《か》つ流行の源となり奢侈《しゃし》

明治初期まで栄えた猿若町（芳藤『江都名所』）

の弊を醸す事、故に市中に劇場を置くことを許さず」とある。

芝居小屋を市中から外れた一郭に閉じこめる措置は、江戸・大坂・京都の三都をはじめ、堺や博多などの主要都市でなされた。役者の外出時には、寒暑にかかわらず市中往来の際は「編笠を冠る」ことを強制した。身分的なまぎれをなくすために、その顔を隠すことを命じたのであった。さらに役者の「居住地の制限」を指示して、江戸は猿若町、大坂では元伏見坂町と難波新地一丁目に集住させた。

役者たちは居住地を制限され、深編笠の着用を強要され、武士や町人との交遊も禁じられた。役者の代表格だった七代目団十郎は、身分をもわきまえず「奢侈僭上《しやしせんじよう》」の科《とが》をもって、みせしめのために手鎖をされて江戸から追放された。

このように天保の改革では、遊芸民もこの界隈に集住させられた。芝居小屋と同時に、役者・芸人も浅草に移住させられたのである。江戸で綾取・辻放下・説経・物読・講釈などの大道芸をやっていた「乞胸《ごうむね》」と呼ばれた大道芸人がいた。非人の女たちの門付芸「鳥追い」と並んで江戸府内ではよく知られていた。

「乞胸」は身分は平人(町人)であるが、その職業は賤業とされ、「非人と同様の渡世」とされて非人頭の支配下に置かれた。身分と職業が一致しない珍しい例である。それをみても、芸能そのものがいかに卑賤視されていたかが分かる。つまり農工商に従事している素人《そじん》は、芸能を生業にすることはできなかったのである。

2 新政府の芸能政策と「悪所」の解体

身ぐるみの衣装替え

明治維新後の日本は、古代から近世まで続いた〈アジア文明系〉から、一挙に〈西洋文明系〉に軌道を乗り換えた。新政府は、内憂外患が相次いだ政治状況に対応するために、廃藩置県・身分制の廃止・地租改正をはじめ、義務教育制と徴兵制を矢継ぎ早に実施した。

次々に近代化政策を打ち出したので、新しい西洋の文物が怒濤のように流れ込んできた。基層と新層との間で起こった激しい文化摩擦は、あちこちで火花を散らして民衆をたじろがせた。

新政府は、根深い土俗的慣習や民間信仰の影響を削ぎ取って、日常生活全般を西洋流に衣更えしようとした。

幕府の式楽とされていた能・狂言をはじめ、民衆に愛好されていた歌舞伎・人形浄瑠璃も、荒唐無稽な筋書きによって「風俗を敗《やぶ》る」旧時代の芸能とされた。近世以来の文化は、おしなべて反近代的で時代遅れであるという烙印が押されたのであった。

家内安全・五穀豊穣・商売繁盛を祈願し、災いを除去する加持祈禱をやっていた陰陽道や修験道も、「人知ノ開達ヲ妨《サマタグ》ルモノ」として、官令によって禁止された。

諸国を遍歴していた遊行者・遊芸民も、「物貰い」に類する者として厳しく取り締まられた。挙句の果では、村祭りや盆踊りまでも旧時代の遺物として抑圧された。万歳・春駒・鳥追いなど初春の風物詩だった「門付けの祝福芸」も、どこの地方でも急速に衰退していった。

教部省布告

明治新政府の文明開化政策は文化芸能の全分野に及んだ。新政府の基本方針は、一八七二（明治五）年八月二十五日付の教部省布告で次のように示された。

能狂言ヲ始メ音曲歌舞ノ類ハ、人身風俗ニ関係スル処《トコロ》少ナカラズ候ニ付、左之通、各管内営業之者共へ可相達事。

壬申八月　　　　教部省

一　能狂言以下演劇ノ類、御歴代ノ皇上ヲ模擬シ、上ヲ褻瀆《セットク》シ奉候事ノ儀無之様、厚ク注意可致事。

一　演劇ノ類、専ラ勧善懲悪ヲ主トスベシ。淫風醜態ノ甚シキニ流レ、風俗ヲ敗《ヤブ》リ候様ニテハ相済マズ候間、弊習ヲ洗除シ、漸々風化ノ一助ニ相成候様、心懸ク可キ事。

一　演劇其他、右ニ類スル遊芸ヲ以テ渡世致候ヲ、制外者抔《ナド》ト相唱へ候従来ノ弊風有之、然ル可カラザル儀ニ候条、自今ハ、身分相応行儀相慎ミ、営業致ス可キ事。

この布告を簡単にまとめてみると、政府は次の三点を指示したのである。

㈠ 能・狂言などの演劇において、天皇をモデルとして、尊い身分を冒瀆することは許されない。その点に注意せよ。

㈡ 演劇は「勧善懲悪」を主とすべし。「淫風醜態」に流れて風俗を壊乱してはならない。これまでの悪い習俗を除去し、民衆教化の助けとなるよう努力せよ。

㈢ 遊芸をもって渡世する者が、「制外者」であると唱えて勝手な行いをする悪習はまだみられるが、これからは「身分相応」に行儀を慎みながら営業せよ。

神聖天皇制の復活と再生

そのような身ぐるみの衣装替えの中で、歴史の流れに逆行しながら強行されたのが、江戸時代に形骸化していた天皇制の全面的な復権・再生であった。

明治四（一八七一）年に幕府時代の「宗門人別改帳」が廃止され、新たに「戸籍法」が定められた。賤民制も廃止され、平民籍に入れられることになった。徴兵・義務教育・納税という三大義務を完全に実施するためには、すべての国民を個別に掌握せねばならず、これまで姓のなかった平民も、新たに苗字《みようじ》をつくって戸籍に登録されることになった。

当時の西洋では、一七八九年のフランス革命以来、市民社会の主導による憲法制定が主流になり、国政においても〈政教分離〉が進んで、「君主」の絶対的統治権は認められなくなっていた。

このような西洋諸国の〈君主制から共和制へ〉という動向とは全く逆に、明治政府は、天皇の絶対主権を要《かなめ》に据える国家体制を確立したのであった。

一方では古代律令国家の新版と見まがうような神聖天皇制の復活劇を演出しながら、他方では「文明開化」「殖産興業」「富国強兵」をスローガンに、近代化路線を推進した。つまり、二正面作戦を選択したのだ。

そのような二正面作戦の戦略上の矛盾を糊塗するために、明治政府は、軍事力を背景に「大日本帝国」のアジア進出という国家目標をいち早く提示した。

「和魂漢才」から「和魂洋才」へ

新政府は西洋産の若木を大急ぎで移植した。近世の胎内で急速に育ってきた民衆文化の根が、大きく張りめぐらされるのを断ち切って、新しい挿し木で洋風の新株を増やそうとした。

特に腐心したのは、千年以上にわたる中国と朝鮮の文化の影響力をこそげ取ることであった。〈和魂漢才〉から〈和魂洋才〉への切り替えによって、西洋文明モデルに民意を誘導しながら、国家による「文化と風俗の管理」を近代化路線の基軸に据えた。

そのような大転換期にあって、文明開化路線の方向を、はっきりと明示したのは福沢諭吉である。幕政時代から三回も渡欧した西洋通で、『学問のすすめ』『文明論之概略』は大ベストセラーとなっていた。

明治十八年に書いた『脱亜論』で、福沢は次のように述べている。「我国は隣国の開明を待ちて、共に亜細亜を興すの猶予《ゆうよ》ある可《べか》らず、寧《むし》ろ其伍《そのご》を脱して西洋の文明国と進退を共にし、其《その》支那朝鮮に接するの法も、隣国なるが故にとて特別の会釈《えしやく》に及ばず……」。そして、もはや中国や朝鮮は「悪友」であるとして、「悪友を親しむ者は共に悪名を免《まぬか》る可らず。我れ心において亜細亜東方の悪友を謝絶するなり」とまで言い切っていたのである。

だがよく考えてみると、先にみたように江戸期の民衆社会の内部で培われてきた一定の文化的・思想的基盤があったればこそ、曲がりなりにも日本独自の近代化に踏み切ることができたのだ。決してゼロからのスタートではなかった。

明治新政府は、民衆が営々として創造してきた近世の町人文化・賤民文化の系譜をここで断絶して、政府が主導する〈和魂洋才〉の文化体制に一挙に切り換えようとした。その際に、真っ先に槍玉に挙げられたのが歌舞伎など河原者系の伝統芸能であり、万歳・鳥追い・春駒などの門付芸能、梓巫子《あずさみこ》・市子《いちこ》などのシャーマン系の巫術だった。

鹿鳴館時代の演劇改良運動

新政府の文化政策の一例として、鹿鳴館時代の演劇改良運動を挙げておこう。政府が主唱したこの運動では、歌舞伎を「淫風醜態《しゅうたい》」と決めつけている。荒唐無稽な筋書きを改良し、残忍卑猥な部分を除いて、西洋人に見せても恥ずかしくない高尚な演劇として再生させるところに狙いがあった。

治外法権の撤廃と関税自主権の回復を目指していた伊藤内閣は、幕府が欧米諸国と結んだ不平等条約を改正しようと躍起になっていた。外国の使臣に近代化の状況を見せつけるために、明治十六（一八八三）年に上流階級の欧風化のシンボルとして「鹿鳴館」を建設した。

しかし、外国使臣を招いて夜ごとに舞踏会をやるだけでは、どうにもならないことにすぐ気付いた。これは猿真似ではないかと感じたのであろう。「わが国の固有の芸

明治期の歌舞伎興行。左上の二階席に警官がいる

能で、外国人が観てブラボーと声を挙げるものはないのか」。洋行帰りの重臣たちは、欧米の立派な劇場でオペラを見物していた。そこにヒントを得た。

それで目をつけたのが歌舞伎だった。手を加えれば和製オペラになるのではないか。おそらく能や人形浄瑠璃も話題に上ったであろう。しかし、室町期に盛行した猿楽に由来する「能」は、動きが静的《スタティック》で、詞章もむつかしい。「人形浄瑠璃」にしても、人形の微妙な動きを外国人が感じるのがむつかしく、その発声・曲節も理解できない。

ところが、「荒事」(『勧進帳』『鳴神《なるかみ》』『暫《しばらく》』『助六』など)に代表される歌舞伎は、舞台装置も華やかで衣装も派手である。役者の化粧も見映《みば》えして、舞台の所作も動的《ダイナミック》だ。芝居の筋書きは「能」よりもシンプルだから、これを改良すれば外国人にも喜ばれる舞台になる。

このように手を加えて歌舞伎を「上流化」していけば、河原者特有の猥雑さもしだいに消えていって、国際的にも通用する芸能になるだろうと考えた。

明治十九（一八八六）年七月、伊藤博文首相は自ら歌舞伎役者を招いて、国家による民衆教化の道具として、さらには上流階級の社交観光の場として伝統芸能を活用すると、その所見を述べた。翌年四月、井上馨《かおる》外相邸での天覧劇が実現した。現人神《あらひとがみ》である天皇が河原者の芸能だった歌舞伎を実見することそのものが、一つの社会的事件であって、各新聞は大々的に報じた。

しかし、民衆との深い結び付きを無視して、政府が推進したこの演劇改良運動は物の見事に失敗した。民衆はやはり、馴染み深い「悪所」で演じられた芝居を愛好したのであった。

3　西洋を体感した文学者と明治近代

洋行帰りの文学者たち

軋《きし》み音を立てて突っ走る〈脱亜入欧〉の近代化路線に対して、当時の文学者の多くは複雑な反応を示している。明治維新前後に生まれた森鷗外、二葉亭四迷、夏目漱石、永井荷風――この四人の若い頃を描いた諸作品は、この激動の時代を生きた青年たちの興味深い体験レポートとしても読むことができる。

特にこの四人は、いずれも洋行して実地に西洋社会で生活する機会に恵まれたので、複眼的視座から日本の社会変動の内実を考察することができた。しかし、訪れた国もその時期も異なり、それぞれの外国文化体験も同一ではない。したがって、日本と西洋を比較するそれぞれの論点もかなり屈折していて、一筋縄ではとらえられない。

彼らの同時代認識を、東西両文化を比較する視座から見直してみることはきわめて興味深いが、もはや紙数も尽きたので、ここでは足早にその一端に踏み込むにとどめる。

明治文化の現状に対して、漱石は文化の自律性の立場から、日本の近代化が内発的ではなくてきわめて外発的であると批判し、浅薄な欧化主義には賛成しなかった。よく引き合いに出されるのは、『社会と自分』(実業之日本社、一九一三年)に収録されている「現代日本の開化」「中味と形式」などの社会論評である。どこの国でもその固有の歴史に基づく文化の内容は差異があって、その表現形式も異なって当然であると、漱石は指摘していた。

しかしその議論は、私なりに言えばきわめて抽象的であった。近代日本文化の自律性の基盤となる肝心の「基層文化」の実体が明らかにされていないから、やはり説得力に欠けていた。

そして、その頃、新帰朝者である荷風が、正面から明治の欧化主義を批判し始めていたことも頭に入れておく必要がある。

私の結論から先に言えば、幕末の時代から民衆社会の基底で揺れ動いている民衆の意識や情念を冷静に観察し、肌身でそれを感じていたのは荷風だった。しかも荷風は、文明の光から取り残された下層社会からの目線で、国家の動向や社会の情勢を見ていたのであって、このことは彼の文明批評の根幹に関わっていたのである。

芸人志願の永井荷風

荷風は、恵まれた家庭の長男として育った。荷風の父は、当時としては数少ない洋行帰りのエリート官僚で、退官後は日本郵船の上海・横浜支店長を歴任した。少年期の荷風は病気のために転地療養をしたりしていたが、中学校で落第し、第一高等学校の入試も失敗して、やっと高等商業学校付属外国語学校（東京外国語大学の前身）清語科に入学することができた。

しかし学校の空気が性に合わなかった。山手の良家の風俗に馴染めず、吉原で遊んだり、下町の席亭に通ったりしていた。十八歳のとき深刻小説・悲惨小説で知られていた広津柳浪の門に入って、戯作者として身を立てようとした。十九歳で落語家の朝寝坊むらくの弟子となり、三遊亭夢之助の名で、師匠が高座を勤める深川の常磐亭に出入りした。しかしそのことが父に知られて落語家修業を断念した。外国語学校も第二学年のまま除籍となった。

荷風は、一九〇〇（明治三十三）年に歌舞伎座の立作者福地桜痴《おうち》の門弟となり、その口ききで六月から歌舞伎座の作者見習いになった。楽屋内外の下働きをやっていたが、十月興行では、絵本番付に永井壮吉と本名で狂言作者として名を連ねている。しかし翌年五月の興行を最後に同座を去った。芝居好きの母は黙許していたのだろうが、父に知られて芝居の世界から去ったのであろう。

福地桜痴が日出国《やまと》新聞社の主筆に迎えられると、荷風もその下で雑報欄の助手を勤めたが、社内で内紛が起きて半年足らずで解雇された。

職を失うと暁星学校の夜学でフランス語を学んだが、エミール・ゾラの自然主義文学に心酔するようになり、二十二歳で『野心』（一九〇二）を初めて刊行した。『地獄の花』（一九〇二）、『夢の女』『女優ナナ』（一九〇三）などを相次いで刊行し、文壇の一部から注目された。しかし、その頃は小説家に対する社会的な評価はきわめて低かった。洒落本・黄表紙・読本などの通俗作品を書いた近世の戯作者の流れとみなされていたのであった。

近代に潜む「虚妄なるもの」

父親は、なんとか実業家への道を歩かせようとアメリカに送り出した。青年荷風は、あちこちを転々としながらおもに下町で暮らして、いかがわしい「悪所」へもよく出入りし、ワシントンでは多感な娼婦イデスと馴染みを重ねた。そのようにして、民衆社会の底に流れている生活感情を肌身で感じてきたことは、『西遊日誌抄』に詳しく描かれている。

その後のフランス滞在は十カ月にすぎなかったが、市民社会における個人の自由と民主主義の実相にも触れて、深い影響を受けて帰ってきた。

明治四十一（一九〇八）年七月に帰国し、翌月刊行した『あめりか物語』は高い評判を得たが、その翌年に出した『ふらんす物語』は発禁となった。芸術を愛する自由の国・フランスと、「芸術を虐待し、恋愛を罪悪視する」官憲の国・日本を対比して論じたのが、検閲にひっかかった。九月に刊行した『歓楽』も風俗壊乱の名目で発禁となった。その直後に書いた『新帰朝者日記』は、荷風の直接的な明治体制批判として注目に値する。そこには日本近代の文明批評が激しい言葉で展開されていた。

発禁処分を受けてからの荷風は、明治近代の底に潜む「虚妄なるもの」について、その生涯を通じて告発し続けた。『すみだ川』（一九〇九）で、隅田川河畔の本所・深川あたりの陋巷《ろうこう》になお残っている「場末」「裏町」に江戸情趣の残像を見いだした。「衰残」と「零落」の下町で暮らす人びとが織りなす深い陰影が、それからの作品の基調低音となっていった。

荷風の江戸芸術論

新しい帝都の躍進から置き去りにされ「悲しい裏町」となった芝居町と遊里、その〈悪の華〉とされた役者と遊女を描いた「浮世絵」——これらを日本民衆文化の本流とみなして、大正期に入ると論文を矢継ぎ早に発表し、『江戸芸術論』にまとめて一九二〇（大正九）年に春陽堂から刊行した。

その『論集』で荷風が高く評価したのは、歌舞伎と浮世絵であり、それにまつわる「役者と遊女」の世界だった。社会の下層で賤視されながらも懸命に生きてきた役者や遊女の世界にこそ、浮世における人間の真実が潜んでいたのではないか。そのように荷風は考えた。

ここでは荷風のすぐれた見識を二点だけ指摘しておこう。浮世絵を高く評価したのは、フランスの印象派の画家たちだった。よく知られているゴッホをはじめ、印象派は教会と宮廷をパトロンとしたルネサンス時代の画家ではなくて、十七世紀のフランドル派を直接的な光源としていた。レンブラントやブリューゲルなどのフランドル派は、「清浄と禁欲を主としたる従来の道徳及び宗教の柵外」に出て、平民の生活を描いた。そして「汚辱も淫欲も皆これ人類活力の一現象」とみたのであった。今からみても荷風のこの指摘は実に適確だった。
もう一つは西洋の油絵と浮世絵との比較検討である。木版摺《ずり》の紙質と工夫された顔料によって、浮世絵は特殊な色調を出すことに成功した。四季のある日本の自然、そして専制時代の「恐怖と悲哀と疲労」を暗示するには、浮世絵は最も適した美術であったと断じた。

ああ余は浮世絵を愛す。苦界《くがい》十年親のために身を売りたる遊女が絵姿《えすがた》はわれを泣かしむ。竹格子《たけごうし》の窓によりて唯だ茫然《ぼうぜん》と流るる水を眺《なが》むる芸者の姿はわれを喜ばしむ。夜蕎麦売《よそばうり》の行燈淋《あんどんさび》し気《げ》に残る川端の夜景はわれを酔《え》はしむ。雨夜の月に啼《な》く時鳥《ほととぎす》、時雨《しぐれ》に散る秋の木の葉、落花の風にかすれ行く鐘の音、行き暮るる山路の雪、およそ果敢《はか》なく頼りなく望みなく、この世は唯《た》だ夢とのみ訳もなく嗟嘆《さたん》せしむるもの悉《ことごと》くわれには親し、われには懐し。

荷風は、西洋で刊行された歌麿や北斎研究を紹介しながら、浮世絵の芸術性を高く評価した。浮世絵の絵師たちが「卑しむべき町絵師」で、「日当り悪しき横町の借家に制作せられぬ」ことを荷風はよく知っていた。そして「この美術は圧迫せられたる江戸平民の手によりて発生し、絶えず政府の迫害を蒙りつつ、而《しか》も能《よ》く其《そ》の発達を遂げ」た芸術であると断じている。

空虚なる官営芸術

次に荷風の歌舞伎論である。芝居好きで長唄が上手だった母に連れられて、久松座・新富座などによく通った。福地桜痴の徒弟として歌舞伎座で働いたことは先に述べた。荷風は、歌舞伎芝居は「高遠の思想深刻」を含んでいないが、通俗一般の人情を写して、「時として能《よ》く人情の機微を穿《うが》つ」。明治維新後は浮世絵は絶えてしまったので、「江戸の美術工芸にしてよく今日までその命脈を保てるもの実に芝居と踊三味線とあるのみ」と考えていた。

欧化主義に沿って脚本を改作しようとした鷗外などの試みには、荷風は頭から反対だった。鷗外が雑誌『我等』の大正三年四月号に書いた「旧劇の未来」と題する論文を正面から批判して、「聊《いささ》かの改造も却って厭《いと》うべき破壊となる」のであって、「出来得るかぎり昔のままに演ずれば、能狂言と並びて決して無価値のものにあらず」と断じた。

そして次のように結論する。「専制時代に発生せし江戸平民の娯楽芸術は、現代日本の政治的圧迫に堪えざらんとする吾人に対し（少なくとも余一個の感情に訴えて）、或時は皮肉なる諷刺となり、或時は身につまさるる同感を誘起せしめ、又或時は春光洋々たる美麗の別天地に遊ぶの思あらしむ」と述べた。(「江戸演劇の特徴」)

このように荷風は、「官僚武断主義の政府」が主導する「官営芸術の虚妄」に対して、抑圧され卑賤視されていた江戸の民衆文化の中に「真正自由なる芸術の勝利」をみてとった。

荷風は、九世市川団十郎を中心に推進された「活歴」に反対だった。活歴物は、旧来の時代物の荒唐無稽な部分を改作して、史実に即して演出する歌舞伎改良運動だった。鷗外は賛成だったが、荷風は「官僚界に贔屓《ひいき》多く遂に活歴と呼べる似而非《えせ》芸術」と断じていた。

若い頃から尊敬していた鷗外を正面から批判したのは、このときだけである。荷風が初めて鷗外と出会ったのは明治三十六(一九〇三)年一月の市村座の初春興行だった。その際に「『地獄の花』を読んだよ」と言われて、無上の歓喜と光栄を感じたと荷風は後年に述懐している。

ここで引用した江戸芸術論は、全集第十四巻(岩波版・二刷)に『断腸亭雑稾』などと共に収録されている。この巻は、大正デモクラシー運動の全盛期であった一九一三年から一九二〇年にかけて発表された一連の発言が収録されているが、明治期から大正期という転換期における荷風の思想的位相を知る上できわめて重要である。

4　歴史の闇の中に消えていった裏町

漱石の江戸芸術論

ところで漱石は、歌舞伎についてはあまり発言していない。学生の頃は親友の正岡子規と連れだって日本橋の伊勢本あたりの寄席へよく出かけて落語を楽しんだ。そのことは子規あての手紙でも語られていて、特にステテコ踊りで評判を取った滑稽落語の円遊がお気に入りだった。『吾輩は猫である』をはじめその諸作品には、円遊のお笑い芸が取り入れられている。(興津要『落語』角川書店、一九六八年。のち講談社学術文庫)

高浜虚子に連れられて観劇した時の感想文がある。漱石は、芝居は「全く無知無識」であると前置きはしているが、「極めて低級に属する頭脳を有《も》った人類で、同時に比較的芸術心に富んだ人類が、同程度の人類の要求に応ずるために作ったものを遣《や》ってるからだろう」と感想を述べている。そして、当日明治座で観た芝居を「野蛮人

の芸術」「浅薄愚劣なる世界観」と決めつけている。(「明治座の所感を虚子君に問れて」、一九〇九年五月)

漱石は英文学者であって、そのためにロンドンに留学していたのだから、日本の近世文化への理解を求めるのは酷だという見方もあるだろう。だが、荷風にしても明治四十三年から六年間、鷗外の推薦で慶応義塾の教授を勤めていて、当時の教員名簿で調べてみると、荷風が担当したのは「文学評論・仏語・仏文学」であった。

もちろん、これだけで漱石の思想性を云々するつもりはないが、このように、歌舞伎を中心に近世芸能をどう評価するかという座標軸からすれば、漱石・鷗外・荷風の三者は、それぞれ見解が異なっていた。この問題は、河原者の芸能とされた歌舞伎の芸能史的な評価にとどまるものではない。その問題をさらに掘り下げていくと、〈日本近代の総体〉に対する、三者それぞれの思想的位相の違いを裏側から照射することができる。

荷風の陋巷挽歌

前述の『荷風全集』第十四巻には、「矢はずぐさ」という異色の小品がある。大正二(一九一三)年一月に父が死んだ。それをきっかけに妻と離別した。翌年の夏、荷風はかねてから交情のあった新橋の芸者・巴家八重次を正妻に迎えた。媒酌人は、親交のあった市川左団次夫妻だった。

荷風はこの小品で、「妓を妻とす。家名を辱しむるの罪元《もと》より軽きにあらざれど――」、「人のいやがる小説家と世の卑しむ妓女との野合」と自嘲気味に書いている。上流階級の良俗に反した結婚として、家督相続者である長男でありながら、その後は親族関係を断つことになった。

だが、その彼女も翌年二月に家を出て、再び妓家の世界に戻ってしまった。大正五（一九一六）年には慶応義塾教授を辞し、『三田文学』の編集からも身を引いた。その頃は江戸芸術論を書き続けていたのだが、木造洋館を購入して偏奇館と名づけ、以後自由な独身生活を続けた。

だが、「矢はずぐさ」を精読すれば、八重次が誠実でよく機転が利き、勉学を好む才女であったことがよく分かる。上流階級のスノビズムを本能的に嫌悪した荷風は、エセ西洋文明で育った良家の子女よりも、この「妓女」八重次の中に人間としての真実味を見いだしたのである。

それからの荷風は、なかば隠遁者の目で時勢を白眼に見据えながら、『腕くらべ』『おかめ笹』などの花柳界を題材とした作品を書き続けた。

『すみだ川』を原点として、『日和下駄』、『雨瀟瀟』、『下谷叢話』など、下町の人情・風俗を描写した一連のシリーズは、このエセ近代文明によって侵蝕されていない庶民の民俗的風土への懐旧的情趣の表明であるとともに、やがて歴史の闇の中に消え去って行くうらぶれた陋巷《ろうこう》への抒情的挽歌であり、それはまた同時に、すでに「世を捨てた」偏人の反時代的文明批判であった。

大逆事件と文学者たち

新政府は、ライバルであった自由民権派に楔を打ち込んで、その左派を少数グループとして孤立させることに成功した。明治中期から、労働運動とキリスト教左派を基盤に社会主義運動が起こってくると、これに徹底的な弾圧を加えて未然にその拡大を防止しようとした。

そして、一九一〇（明治四十三）年に「大逆事件」が起こった。幸徳秋水、大石誠之助らの社会主義者・無政府主義者が明治天皇暗殺を計画したとして、全国で数百人が検挙され、翌年一月大逆罪のかどで二十四名に死刑が宣告された。うち十二名は処刑され、ほかの十二名は減刑されて無期懲役となった。

この事件は稀にみる冤罪事件であり、権力によるデッチ上げは、今日では多くの資料と証言によって明らかにされている。これを機に政府は、社会主義関係の書物を「安寧秩序を紊乱する」とすべて発禁にした。ジャーナリズムは記事解禁になると、「大不忠、大反逆徒」(『東京朝日』)、「天地もいれざる大罪人」(『万朝報』)と書きたてた。日清戦争・日露戦争・日韓併合とひき続く国威宣揚のご時世に、ほとんどの民衆はどっぷり漬かっていた。事の真相を知らされぬままに、政府の扇動宣伝にいともたやすく乗せられた。

米・英・仏では国際的な抗議行動がかなり大規模になされた。その十五年前に、世界を震撼させた「ドレフュス事件」がフランスで起こり、日本のジャーナリズムもその事件を詳しく報じた。エミール・ゾラを先頭とした文学者や知識人が、ユダヤ人なるがゆえに国家反逆罪で終身禁固刑に処せられたドレフュスの救出運動に立ち上がり、フランスの国論を二分する大問題となったが、最終的にはその冤罪が明らかになった。

だが、大逆事件の際には、日本の民衆運動からは何の声も上がらなかった。文化人・知識人も黙して語らなかった。ゾラの弟子を自任していた荷風も、遂に声をあげることはなかった。そのことは重い良心の呵責としていつまでも心の隅に残った。

どの弁護士も尻込みするなかで、あえて「国賊」の弁護を買って出た平出修は『明星』同人の歌人だった。与謝野鉄幹の依頼でこの弁護を引き受けた。鷗外もその第一回目の裁判を傍聴している。

平出の親友だった石川啄木も、ひそかに陳弁書などの公判資料を入手して『日本無政府主義者陰謀事件経過及び附帯現象』を作成した。病苦と貧困の中で、政府の圧政に抗議して丹念に書かれたこのメモは、近代日本文学史上で特筆すべき記録である。

徳冨蘆花の「謀叛論」と荷風の「花火」

徳冨蘆花

大逆事件について自分の思いを訴えた文学者が、もうひとりいた。民友社以来、トルストイの影響を受けてキリスト教人道主義を唱えていた徳冨蘆花だった。処刑執行の一週間後、第一高等学校弁論部に呼ばれて超満員の生徒を前に「謀叛論」と題して熱弁をふるった。私見では、それは日本近代史に残る心情を吐露《とろ》した熱烈な大演説だった。
大逆事件後八年ほど経って、荷風は「花火」という作品を書いている。そこで初めて、偶然に大逆事件の被告を護送する囚人馬車を目撃した事実を告白したのである。

明治四十四年慶応義塾に通勤する頃、わたしはその道すがら折々市ケ谷の通で四人馬車が五、六台も引続いて日比谷の裁判所の方へ走って行くのを見た。わたしはこれ迄見聞した世上の事件の中で、この折程言うに言われない厭な心持のした事はなかった。わたしは文学者たる以上この思想問題について黙していてはならない。小説家ゾラはドレフュー事件について正義を叫んだ為め国外に亡命したではないか。然しわたしは世の文学者と共に何も言わなかった。私は何となく良心の苦痛に堪えられぬような気がした。わたしは自ら文学者たる事について甚しき羞恥を感じた。以来わたしは自分の芸術の品位を江戸戯作者のなした程度まで引下げるに如《し》くはないと思案した。その頃からわたしは煙草入れをさげ浮世絵を集め三味線をひきはじめた。わたしは江戸末代の戯作者や浮世絵師が浦賀へ黒船が来ようが桜田御門で大老が暗殺されようがそんな事は下民の与り知った事ではない、否とやかく申すのは却《かえっ》て畏多い事だと、すまして春本や春画をかいていた其の瞬間の胸中をば呆れるよりは寧ろ尊敬しようと思立ったのである。かくて大正二年三月の或日、わたしは山城河岸の路地にいた或女の家で三味線を稽古していた。

これまでこの文章は、荷風の懺悔として読まれてきた。この大冤罪に抗議しなかった自分の卑劣さに鞭打ち、もはや世捨人たることを覚悟した荷風の逃散《ちょうさん》と韜晦《とうかい》の辞とみなされてきた。

だが私は、このような解釈は、荷風の心の動きの表層しか見ていないと思う。彼の精神の深層には、天皇制ナショナリズムと浅薄なエセ文明に対する、なお烈々たる闘いの意志が潜められていたと考える。この小稿を載せたのは雑誌『改造』(一九一九年十二月号)で、その号は「階級闘争特集号」だった。同時に寄稿した作家は佐藤春夫・神近市子・沖野岩三郎らである。敗北宣言をした隠遁文学者が、いまさら階級闘争特集号に登場すること自体が場違いであろう。「花火」を最後まで読んでみると、その特集号にふさわしい内容のものであることが分かる。

明治近代の終焉と漱石

漱石は、この波瀾万丈の時代に対してどのような感慨を抱いていたのだろうか。残念ながらその日記には、政治的、社会的な論評はあまり書き残されていない。

大逆事件についても、本音のところでの反応をうかがい知ることはできない。しかし、幸徳らの死を、超然と見過ごしたわけではあるまい。同時代の文学者の作品には、何らかの意味でこの「大逆事件」の黒いカゲが投影されている。第一回公判を傍聴した森鷗外をはじめとして、与謝野鉄幹・正宗白鳥・木下杢太郎・佐藤春夫などの諸作品である。

その頃の漱石は、自分自身を含めた「高等遊民」の生活と思想を、朝日新聞紙上で次々に発表していた。日清・日露両戦役の勝利によるナショナリズムの急進展の中で、当時の知識人たちの心情も揺れ動いていた。漱石は彼らの近代的自我の内面をえぐり、明治体制の中で生活している知識人の実存的な孤独性を探っていたのである。

だからといって漱石は、激しく動く社会の諸問題に目を閉ざしていたわけではない。例えばその日記では、明治天皇が亡くなる前後はかなり克明に書かれている。天皇が死んだのは明治四十五（一九一二）年七月三十日だったが、その十日前に、次のような注目すべき感想を日記に書き残している。（岩波版『夏目漱石全集』第十三巻、「日記・明治四十五年」）

七月二十日（土）晩天子重患の号外を手にす。尿毒症の由にて昏睡状態の旨報ぜらる。川開きの催し差留られたり。天子未だ崩せず川開きを禁ずるの必要なし。細民是《これ》が為に困るもの多からん。当局者の没常識驚ろくべし。演劇其他の興行もの停止とか停止せぬとかにて騒ぐ有様也。天子の病は万民の同情に価す。然れども万民の営業直接天子の病気に害を与えざる限りは進行して然るべし。当局之に対して干渉がましき事をなすべきにあらず。（後略）

天皇が重体という理由で、両国の川開きを中止させるのはどうか。その日の稼ぎを当てにしている「細民」たちは、たちまち生活に窮するのではないかと、漱石は当局の措置に抗議しているのだ。「細民」は、身分の低い貧しい民を指していたが、隅田川のほとりには多くの被差別民が住んでいた。漱石は、細民とは何であるかを知っていたので、この一節を日記に書いたのである。

漱石は牛込で生まれたが、生後一年で養子にやられて、幼年期を浅草界隈で過ごしている。漱石にとっては、墨東一帯は決して無縁の場所ではなかった。戦前版の漱石全集では、このくだりは検閲でやられることは目に見えていたからカットされていた。戦後になって復元されたのである。

『濹東綺譚』と大江匡房

荷風は、第二次大戦の前夜である一九三七年に『濹東綺譚』を朝日新聞に連載した。

うらぶれた私娼街だった玉の井に沈む若いお雪と、老境にさしかかった作家・大江匡《ただす》との交情の淡々たる物語である。浅草から川を渡って向島の侘《わ》びしい遊里に足を踏み入れた大江が、そこではからずも出会った遊女がお雪だった。粋《いき》で気風《きっぷ》が良く、教養はなかったが、可愛らしさが溢れている遊女だった。大江匡はもちろん荷風自身であるが、『遊女記』を書いた大江匡房に自分を擬したのであろう。つまり荷風は、古き良き時代の江口の遊女の面影を、この陋巷《ろうこう》にたたずむお雪に重ねていたのではないか。

この作品は、近代文学の多くの作品の中で、私の最も愛好する小説の一つである。おそらく荷風は、公的な場で発表できるのはこれが最後だと覚悟していたのだろう。実際に太平洋戦争の発端となった「盧溝橋事件」が勃発したのは、この小説の連載が終わった一カ月後だった。

私も戦後三年目の一九四七年春から東京に移った。上京すると、早速『濹東綺譚』を片手に浅草から玉の井まで一日かけて探訪した。空襲で全焼した玉の井界隈はバラックで再建されていたが、かつての私娼窟の面影はなかった。それでも「通り抜けられます」という看板だけは掲げられていた。

この小説以後は、本格的に作品を世に問うことなく、荷風は閉塞された時代の中で頑《かたくな》に沈黙を守った。戦争に背を向けて、軍部にちやほやされている文壇ジャーナリズムとの交際も絶ち、ひとり孤高の姿勢を守った。

心情を語る一通の書簡

第二次大戦が始まってからも、荷風は銀座のカフェや浅草界隈の紅灯の巷に出入りして、女給や私娼と交渉を持ちながら暗い閉塞の時を過ごした。そのあたりの日録は『断腸亭日乗』に詳しく記されていて、この膨大な日記の中でも、最も興味深い部分である。

戦争末期の荷風の心情を語った一通の手紙がある。一九四四年五月二十九日付の封筒消印のある、谷崎潤一郎宛の荷風の書簡である。（岩波版の第二次『荷風全集』にも未収で、『文学』一九九二年夏号に紅野敏郎の解題を付して発表された。）

拝復
陳者其後御変もなく筆硯益御多祥欣慰《きんい》の至《いたり》に存《ぞんじたてまつりそうろう》奉候
小生もまづまづ無事に罷在候得共《まかりありそうらえども》
毎日の食物殊に菜蔬がなくなり候に付閉口致居候

何処《どこ》へも行くところ無き為巳《や》むを得ず机に向居候
扨《さて》短篇小説も本年になり二ツつくり申候
洋本もフローベルの物など二度ヅヽ読返し居候
浅草公園ではＪａｚｚの音楽も踊もいよいよ禁止となり
震災後一世を風靡致せし流行唄も
ここにて一時消滅と存候
歌舞伎もなくなり
豊後節三流の浄瑠璃も
芝居と共に断絶致べく
誠に不思議の世となり申候
兎に角養生致し世の終りを見届けたきものと
それを楽しみに日を暮居候《くらしおりそうろう》
拙宅近辺ハ民家追払の噂無之候
笄町《こうがい》より広尾川南岸が取払の由
麻布光林寺に葬られしヒウスケンは
地下にて何と思居候や

御返事のみ　匆々　不宣

中　五月三十日

この簡潔な手紙では、毎日の食べ物にも事欠き、浅草のジャズ音楽も踊りも流行唄《はやり》も禁止となり、歌舞伎・浄瑠璃もなくなり、「どこにも行くところがなくなった」、それでやむを得ず机に向かっている。ともかく体に気をつけて、「世の終りを見届けたきもの」だと述懐している。

年老いて寄方《よるべ》なき作家の、孤独な想いが滲み出ている。それでもなお若い頃の反近代文明の心情と、「悪所」への思慕は率直に語られている。

その九カ月後の空襲で、隅田川沿いのうらぶれた遊里、懐かしい裏町はすべて炎上した。維新後の近代化の波に洗われながら、わずかに残っていた昔の色町・芝居町の面影も、すべて歴史の深い闇の中へ消えていった。

あとがき

長い時間をかけて形成された「言葉」は、その歴史を凝縮したような濃密な意味を含んでいる。それだけではなくて、強いイメージ喚起力を持っている。「悪所」もその一つである。

今日では猥雑で背徳的な「場《トポス》」というほどの平俗な言葉として通用しているが、文化史の深層を掘り下げてみると、実に深い意味が集積されていることが分かる。

色町と芝居町がセットになって「悪所」と呼ばれ、近世の重要な文化記号《コード》の一つとして用いられていたのだが、幕府の統治理念からすれば、風紀を乱し良俗を侵す「場」であった。遊女と役者を共に「制外者《にんがいもの》」と呼んで、溝や塀で町域から隔離された領域に閉じ込めたのである。

しかし権力の意向とは裏腹に、この「悪所」が江戸文化の二大発信源になった。そしてそこに潜められた〈悪〉の意味作用が、既成の秩序《コスモス》を破壊する混沌《カオス》のエネルギーにしだいに反転していったのである。

そのように歴史をたどると、数多くの重要な問題群が伏在していることが分かってくる。

例えば中世の遊女である。彼女らの「性愛《エロス》」には、巫女の系譜に連なる一種の〈聖〉性が宿っているとみられていた。その身に、アニミズム時代の神々の霊力を潜めていたのである。そして江口・神崎の遊女や白拍子・傀儡女《くぐつめ》たちは、後白河や後鳥羽など天皇史の上でも傑出した院に愛されて、その子を産んだ。

近世に入っても、吉原の高尾太夫や大坂新町の夕霧に代表されるように、理想型女性のシンボルとみなされ、高名な花魁《おいらん》の浮世絵は、時代のトップモードとしてもてはやされた。

第二章でみたように出雲阿国の「かぶき踊」に始まり、四条河原での遊女の張見世ショーが「悪所」の起源となった。遊女歌舞伎→若衆歌舞伎→野郎歌舞伎と変遷しながら、続き狂言という画期的な演出方法を考案し、その内容と形式において、日本文化を代表する国劇に発展していった。

河原者と呼ばれて役者には卑賤観がつきまとっていたが、団十郎の系譜に代表されるように、その絵は魔除けの呪符となり、ついにはカリスマ性を帯びたスーパースターとして民衆の大人気となった。

〈悪〉という言葉の裏側には、だれきった日常性を破壊するデモーニッシュな力が潜んでいた。「呪力」という言葉は、そのような混沌の底知れぬ力を象徴していた。その呪力を胎内に秘めていたのが、遊女と遊芸民であって、両者を通底するキーワードは〈遊〉と〈色〉と〈賤〉であった。

遊里と芝居町が一体化して新しい文化コードになってくると、〈悪〉〈遊〉〈色〉〈賤〉が渾然《こんぜん》一体となって、周縁部で蓄積されたエネルギーは絶えず増殖していった。「悪所」に潜む呪力が、時代思潮を変える一つの原動力になった。

そして、あろうことか、徳川幕藩体制という「秩序」を食い破る下からのメッセージの発信源となった。まさに支配権力が全く想定できなかった新事態へと展開していったのである。

身分制の秩序は、実はさまざまの差異が巧みに組織された体系に他ならない。〈貴・賤〉という身分や〈浄・穢〉の観念によって、人間集団の序列や居住空間の配置も決められる。もちろん〈男・女〉という性差も、その枠組みの中に組み込まれて、ガチガチの男中心社会となっていった。
さまざまな法規制によって支配体制が硬直化してくると、社会の下部でエントロピ
ーが増大してくることは目に見えていた。噴出してくる不平憤懣をそらすために、い
ろんな捌け口が用意される。「悪所」もそのために公認されたのだが、そのような幕
府が設定した文化的仕掛けが、結局は儒教倫理を基軸とした人倫の体系が切り崩され
ていく糸口となった。
その最初の波は、十七世紀末の延宝から元禄にかけての時代にやってきた。底辺の社会に生きる人間を主人公として、この「憂き世」の実相を活写した井原西鶴と近松門左衛門。そして歴史の闇の中に埋没していた「色道」に光を当てて、そこに激動する時代の新しい気配を感じた藤本箕山《きざん》と柳沢淇園《きえん》――彼らが前衛的旗手となって、第一次の文化革命としての元禄ルネサンスが現前した。

次の大波は、その百年後にやってくる。歌麿の遊女絵と写楽の役者絵を世に出し、大田南畝・山東京伝・曲亭馬琴・十返舎一九などの文人ネットワークを組織した蔦屋《つたや》重三郎。さらに四世鶴屋南北を頂点とした化政期の劇界――この新潮流が第二次文化革命であって、名もなき民衆がオモテ舞台に出てくる大衆化社会の予兆となった。

以上のような「悪所」の存在論的な変化と、その象徴的で濃密な意味を明らかにするのが本書の目的であった。それゆえに場所学《トポロジー》を副題としたのだが、私の意図が読者のみなさんに届いたかどうか。近代に入ってからの色町・芝居町の社会的な変遷については、紙数が尽きたこともあって具体的に言及できなかった。続刊の『遊女の民俗誌』(『旅芸人のいた風景』として刊行された。編集部注)で取り上げることにしよう。

これまで数多くの遊里を訪れてきたが、往年の面影を残している街はもはやない。痕跡をかすかにとどめているとしても、昭和前期までの遊里の風情はもう見られない。遊里発祥の地と言われ、さまざまの古文献に出てくる室津(兵庫県)にしても、瀬戸内に面した美しい町並みは保存されているが、藤本箕山が今から三百年も前にその『色道大鏡』で配置図を掲げて詳しくルポした遊廓は、古老に訊ねなければもはやその位置も分からない。

松山市の松ヶ枝遊廓は、道後温泉のあちこちにあった楼を集めて維新後に造られた。一遍上人の誕生地である宝厳寺《ほうごんじ》の門前にある。

明治二十八(一八九五)年十月六日、正岡子規は夏目漱石と共にこの地を訪れて次の一句を残している。

色里や　十歩はなれて　秋の風

二人が腰を下した寺の石段はそのままだ。すぐ目の前のだらだら坂に沿って三十軒あまりの楼があった。石段の前の楼は今は廃屋だが、当時の面影をしのぶことができる。

その頃漱石は松山中学校に勤めていたが、たまたま子規が病気療養のために古里の松山に帰ってきたときだった。その日の記録は子規の「散策集」に詳しいが、その夜、二人は大街道《おおかいどう》の芝居町に出て、能・狂言を歌舞伎風にくずした「照葉《てりは》狂言」を観劇している。

最後に私の好きな遊里について、ちょっと付言しておこう。いずれもあまり名の知られていない色町である。

昔を偲ぶよすがが僅かに残っているのは、佐渡の相川（新潟県）、九州の美々津《みみつ》（宮崎県）、呼子《よぶこ》（佐賀県）、瀬戸内の芸予諸島の鮴崎《めばるざき》と御手洗（広島県）あたりである。いずれもかつては栄えた港町で、その古い家並の間から海が見え、潮の香りが漂ってくる。都から遠く離れ、今日でもおいそれとは行けない地にある。それゆえに歴史のオモテ舞台からは隠れた場として残ったとも言えよう。

佐渡の相川の郷土博物館には、遊里の一室が設けられている。そこで働いた女たちの源氏名を記した名札の現物が並べられ、かたわらに三味線を置いて客を待つ美しい遊女の部屋が等身大のジオラマで再現されている。佐渡金山が開発された安土桃山時代にこの地にやってきた「熊野比丘尼《びくに》」が、この遊女町の起源とされ、それ以降の史料もかなり揃っている。中世の江口・神崎の遊女、そして白拍子・傀儡女と連なる系譜に、ささやかな讃歌《オマージュ》を捧げたいと考えている私にとっては、なんともうれしい記念館である。

新書としてまとめたので、できるだけ分かりやすく書いた。集めた史料も十分に使いこなすことができなかったが、すぐれた先学の研究やさらに深めなければならない問題点は、それぞれの箇所で註記した。

本書を執筆するにあたって、現地でのフィールドワークや史料の収集に際して、多くの人たちのお世話になった。地元の皆さんにも心からお礼を申し上げる。

新書編集部の和賀正樹氏は、この十数年続けている「被差別民の文化と民俗」研究会のメンバーであり、取材への同行だけではなく原稿を読んで適切な助言をいただき、大変お世話になった。厚くお礼を申し上げる。

二〇〇六年一月

沖浦　和光

解説　身体・声・音により表現される文化と社会、国家、制度

松尾恒一

被差別民と文化

二〇二〇年の初頭より、全世界に蔓延した新型コロナウィルスによる感染症の流行は、社会活動に大きな打撃を与え、各国の経済に甚大な影響をもたらした。飲食店・観光業など、生活苦に陥る人々も多数に上り、流行が収束しつつある現在なお、苦境に喘《あえ》ぐ業種も少なくない。人から人への直接の接触にとどまらず、接近のみでも感染のリスクが大きいことから、芸能も活動の制限を余儀なくされた。ライブハウスはもとより大ホールでの演奏も中止され、スタジオでの録音・録画、ドラマやバラエティ番組の収録にも多大な影響を与えた。

政府はそうした状況に対する支援として、減給者への給付金等の政策を実施した。

しかしながら、音楽、演劇等は人々の生活にとって〝不要不急〟の活動として、特にその当初ほとんど何の施策もなかった。これらの文化産業は、音楽家や俳優にとどまらず、脚本、照明、舞台道具、音響、録音、録画、また広報活動等の、いわゆる裏方の従事者がいてはじめて実現できる業種で、これらへの従事者の経済面への影響は甚大であった。飲食・観光業をはじめ会社組織に対しては減収分を補う支援策が打ち出されたが、文化産業はフリーランスの多い業種であることもあり、支援に慎重であった。こうした状況について、当事者はもとより、批評家等の文化人・有識者の多くが、音楽・演劇等の文化は、決して不要不急の営みではない、国家の知的な水準を示す分野でもあるとして、支援が欠かせないことを叫んだ。収入の道が閉ざされた個々人の苦境を考えれば、文化への支援を要請することに異論を挟む余地はない。

しかしながら、〝文化〟といわれる営みのほとんどは、経済面を含めて国家の支援や協力によって誕生したわけでも、存続し続けてきたわけでもない。

沖浦著の本書が教えてくれる第一の事柄は、そうした日本の文化のあり方とともに、それを生み出した人々の生活や社会性、それらの演じられる〝場〟の特質についてである。本書は「民俗誌」と題されているが、「民俗誌」とは、狭義には町村のなかの生活や生業についての記録を意味する。第一章「わが人生の三つの磁場」には、沖浦自身が幼少年期に身を置いた大阪飛田《とびた》等の色町などについて述懐されるが、本章を除いて、全体の内容は日本の庶民文化についての通史である。その上で本書を「民俗誌」と題したのは、音楽・歌謡や語り、芝居の演じられる場の生々しさ、現場感覚を伝えようという企図からであろう。

本書でも触れられる、中世に『平家物語』を語った琵琶法師や、三味線を弾いて歌を歌った瞽女《ごぜ》たちは盲目であった。彼らは、その身体面でのハンディキャップにより労働力としては充分でない……。というより、扶養することが負担であったことにより家族から放り出され、やむを得ずその道に入り、楽器や歌謡、語りを習得したのであった。彼らは旅をして芸能を演じて、いくばくかの銭や米を得た。

「門付《かどづ》け」という言葉がある。彼らは漂泊して集落を巡り、家の門口に立ち、音曲を奏したり、歌を歌ったりなど芸能を披露した。明治末期、青森県に生まれ、昭和〜平成時代に活躍した津軽三味線の巨匠高橋竹山《ちくざん》は、民謡の伴奏楽器であった津軽三味線を独奏音楽の楽曲として確立した功労者の一人であるが、幼年期に病により失明し、やむを得ず津軽三味線の道に入った。門付けのために、雪の積もる東北・北海道の山野を旅した竹山は「好きでこの道に入ったのではない」と明言している。門付けにおいては、「(人々から)ばかにされたぁ。(家の前で弾く三味線が)うるさいとか。やかましいとか。なかには、このやろうなんていう者もおりましたよ。でも、何を言われたって飯《めし》を食うためにはしかたないでしょ。」とも苦労を語っている（朝日放送「驚きももの木20世紀」『高橋竹山・放浪の魂』、平成九年〔一九九七〕三月二十一日放送）。門付けで得たいくばくかの米銭は、ほとんどの場合、芸能に対するお礼や対価ではなかった。受け取ったら、その場から速やかに立ち去らなくてはならない、名手の演奏であっても芸術でも芸能でもない、乞食《こつじき》の業《わざ》なのであった。

現代の福祉の常識からすれば考えられないことであるが、前近代において、身体障害は先天性・後天性のいずれにしても、仏教の因果応報の思想により前世での罪業の報いとされ、家族・村落の外に出され、冷遇されるのはしかたのないことだとの通念のもと、旅をして乞食《こつじき》をせざるを得ない生活を送ったのであった。

芸能の演じ手の全ての人々がこうした境遇にあったわけではない。古代の日本は、官僚機構、法制度ばかりでなく、文化面でも中国大陸からの影響が強かった。宮廷で隋・唐や朝鮮半島起源の音楽、舞踊に奉仕した楽人《がくにん》や舞人《まいびと》は貴族身分で、宮廷行事において、天皇や貴族の前で芸能を演じた。

そうした貴族身分の楽人・舞人とは別に、一所にとどまらず、旅をして市井で芸能を演じた被差別民たちは古代より存在した。現代では伝統文化とされる能・狂言や歌舞伎、文楽なども、社会的な身分としては底辺に置かれた彼らの芸能が発展して誕生したのである。

日本の文化を通史的に見て、現代への継承を考えたとき、生活面での心配のなかった貴族の音楽や舞踊、雅楽や舞楽に比して、被差別民の文化が庶民を喜ばせ、楽しませたにとどまらず、後世への貢献、新たな文化を生み出す力がいかに大きく、文化創出の母胎となったかを本書は教えてくれる。歌舞伎は、二〇〇八年にユネスコの無形文化遺産に登録され、日本を代表する伝統芸能として世界からも認められるようになった。現在、彼ら歌舞伎役者やその家族は「梨園《りえん》」と呼ばれ、家元の子弟が跡を継いでゆく彼らの社会は、我々一般庶民とは一線を画する特別なイメージで語られる。梨園とは、唐代に宮廷で奏された芸能の場を起源とする語であるが、「歌舞伎（歌舞妓）」は、本書に説かれるように「傾《かぶ》く」を語源とする「傾《かぶ》き」の宛て字で、一般社会になじめない、あるいは社会に反感を持つ輩《やから》の、反社会的な精神を表象する奇抜なファッションや暴力的な振る舞いを意味した。家元を中心に成り立つ伝統芸能の継承者には、現在、一般人以上の行儀よさが求められる。しかしながら、その誕生の根底には、そうした行儀よさと対極ともいえる、倫理道徳への反発や反感、それを、いかに人々を惹《ひ》きつけるカッコよさで表現できるか、といった精神があったのである。そうした歴史、出雲阿国《いずものおくに》の斬新なファッションによる踊りから始まり、江戸時代の初頭、三味線の伴奏により遊女の踊る歌舞伎が生まれ、男色と結びついた美少年の若衆《わかしゅ》による歌舞伎を経て、元禄時代に男性のみによる芝居としての歌舞伎が誕生したことなど、本書が詳述する通りである。貨幣経済が特に都市部で定着する社会で、性愛の売買は風紀を乱す営みと見做《みな》されて幕府から禁制された。遊女から若衆へと変わったのは、幕府の禁制を逃れる方便であったが、「傾《かぶ》く」精神は継承され、一般民衆を惹きつける新たな創造が重ねられたのである。

私は國學院大學・大学院にて日本の文学や文化について学んだが、大学院時代、歌舞伎研究者としてのみならず、歌舞伎台本からアンダーグラウンドの劇の台本を書いたり、演出をしたりしていた郡司正勝（一九一三―一九八）の講義を受けたことがある。郡司先生の著作から学んだことは多大であるが、研究、教育にとどまらず、舞台の仕事など、研究と趣味や愉楽との境目のないような方だと、不思議さと羨ましさの混ざった心持で講義に臨んでいた（実のところ、授業後に質問等して教えを乞いたかったが、研究のみではない、文化人として活躍し、多忙であった郡司先生は授業の終了の定刻より早く終わり、立ち去ることもしばしばであった）。

当時の大学の授業は教員にとってはよく言えば自由な、授業の内容を各回ごとに定められる現代の教育の体制からふり返ると、当時でも、まじめに学ぼうとする学生にとっては愕然《がくぜん》とする、いい加減な、と感じられるような授業が珍しくなかった。郡司先生の授業もその例外ではなかった、という以上に、とりとめのない雑談のような講義であった。そうした講義（≒雑談）のなかで、はっとさせられ、私の心に残り続け、折々に甦って研究のヒントとなったのは、「歌舞伎はよいすぐれた文化だから残ったのではありません。悪いものだから（現在まで）残ったんですね」という箴言《しんげん》のような一言であった。沖浦の本書のタイトル中の「悪」の重要性について、郡司先生が特に歌舞伎について語った言葉である。歌舞伎にとどまらず、現代では高尚な伝統芸能となった能・狂言や文楽も、遊行《ゆぎよう》の芸能民たちによって演じられ、能・狂言が「猿《さる》楽《がく》」と呼ばれた中世には、為政者を風刺する劇を演じて、捕縛されることさえあった。

能楽を父の観阿弥《かんなみ》とともに大成した世阿弥《ぜあみ》は童の頃より才能を発揮し、室町将軍義満に幼少期より寵愛された。幼い世阿弥が将軍の祇園祭見物の際、将軍に近侍した際には、同席した臣下から「此《かく》の如き散楽は、乞食の所行也（このような能役者の芸能は、乞食の行うのと変わらない低俗なもので、将軍としてあるまじき行いである）」（三条公忠《きんただ》『後愚昧記《ごぐまいき》』永和四〔一三七八〕年六月）と、非難されているが、彼ら芸能民は、その芸能がいかに優れていても、このように卑賤視されていたのである。

冒頭、コロナ禍で生活に苦境する芸術家への国家支援を訴える、知識人らの主張について述べたが、歴史的には、多くの民衆芸能は、国家より風紀を乱す反社会的な活動と見做されて、活動を制限されることもしばしばであった。しかしながら、彼らがそれを潜り抜けたのは、民衆からの強い支持を受けたからであり、それが新時代の文化創出の土台とさえなったのであった。本書は、民衆に求められながらも、身分としては底辺に置かれて、その卑俗さより反社会的な存在ともされた、そうした芸能民たちの逞《たくま》しさを教えてくれる。

都市に生まれた「悪所」という〈場《トポス》〉

日本文化史の中での被差別民の重要性については、大正時代、柳田国男や折口信夫による民俗学の草創期より指摘されている。

柳田は『日本の祭』（昭和十七（一九四二）年）で、村落において専業の神主が成立してゆく前段階として、神事としての舞や祈禱を行った呪術的な民間宗教者について触れ、また、女性の持つ神聖視された呪力を主題とした「巫女考」（大正二（一九一三））、「妹の力」（大正十四年）、あるいは、卑賤視された宗教者についての「毛《け》坊主《ぼうず》考」（大正三―四年）、「俗聖《ぞくひじり》沿革史」（大正十年）等の一連の論考で、口寄せをする巫女をはじめ、芸能との関わりも深い漂泊・遊行民や被差別民の祈禱や芸能、皮革等の工芸等の職能民や、被差別の歴史や営みについて、多くの事例をあげて論じている。

柳田とともに民俗学を確立した折口信夫は、「社会外の社会にゐて（中略）、土地もなく、祭りの時だけ許され」て「無茶苦茶なこと」をする「無頼の徒」の文化が、「我々の板につき、我々のものになつた」のだと説き（「無頼の徒の芸術」『水甕』二十三巻六号、昭和十一年六月）、文化としての〝無頼〟の重要性を説いた。

こうした視点は、本書においても先行研究として挙げられる日本史学の林屋辰三郎はじめ、宗教学、文化人類学などの分野より、昭和時代、戦後に精緻な研究が進んだ。欧米からも、日本文化の重要な側面として注目されるようになった。イギリスの文化人類学者カーメン・ブラッカーは、日本列島内の実地調査に基づく研究を行い、『The Catalpa Bow』の著を刊行している。日本語題『あずさ弓――日本におけるシャーマン的行為』（岩波書店、一九七九年）の「あずさ弓」とは、梓弓の絃を叩き、その音で神や亡くなった先祖の霊を招き祈禱をする民間の巫女のことである。この梓《あずさの》巫女《みこ》にとどまらず東北のイタコ、琉球の女性宗教者ノロ・ユタなど、ブラッカーは、日本の文化における民間芸能者や宗教者の重要性を説き、日本文化を理解するうえで、こうした芸能民の歴史や伝承に目を向けることの必要性を欧米にも発信した。

柳田国男は、村落社会においてそれを職ともする「愚か者」がいたことに注目している。これに対して、沖浦は都市に目を向け、遊里と芝居町を核とする「悪所」が形成されたことに注目して、都市の文化の特質を照射した。都市の形成は、特に祭礼の折に参拝者が群集する寺社の門前より始まった。さらに、戦国時代を経て、幕藩時代、各藩の城郭を中心に、周辺の家臣たちの住む地域に、彼らの生活を支える商工民が集住して都市が成立する。ここに遊里と芝居町が開かれて、常設の「悪所」が、日本各地に誕生したのである。

これら寺社の門前や城下町など都市が形成される以前、古代・中世に遊女が参集したのは、河川や瀬戸内の海をルートとする交易地である大坂の江口や神崎等の「泊まり」＝港であった。といっても、遊郭のような店が構えられていたわけではない。港に停泊する商人や旅をする貴族の船まで小舟で近づき、彼らの船に乗り込んで一夜をともにしたのであった。院政時代に力をふるった後白河法皇の編纂した当時の歌謡集『梁塵秘抄《りようじんひしよう》』には、「遊女《あそび》の好むもの、雑芸・鼓・小端舟《こはしぶね》・簦《おおがさ》かざし……」の歌詞の歌が見られる。基本的に、遊女たちは江戸時代以前には、船で旅をする遊行民であったのである。

それが、第一段階として多くの人々の参集する寺社の門前、さらには城下町として各地に形成された都市において、常設の遊郭や芝居小屋が建てられて、ここで客をとるようになったのである。それらは、為政者が求める倫理道徳や風紀を乱す場であったことより「悪所」と呼ばれた。

悪所は、その言葉からは、無秩序な無法地帯かの印象を受ける読者もあるかもしれない。しかしながら、その現場では香具師《やし》を差配する長や、非人集団を組織としてまとめる「弾左衛門《だんざえもん》」といった存在がおり、集団としてのルールが作られていたのである。本書は、性を鬻《ひさ》いだ遊女をはじめとする芸能民ばかりでなく、身分外の身分として卑賤視され差別された人々の集団も、長のもとで社会的なルールに従って活動していたことなど、都市という〈場《トポス》〉にくらす武士や町人の遊興や情欲に応えた個々の芸能民の辛苦とともに、その社会性や文化的な意義をも明らかにしている。

本書の「あとがき」では、「〈悪〉という言葉の裏側には、だれきった日常性を破壊するデモーニッシュな力が潜んでいた」と喝破されている。現在、多くの人々は衣食住の不安のないよう労働をし、家族や隣近所との平穏・平和を望んでくらす。実際にはそれは容易なことではない。そのための日々変わらないルーティン的な労働、あるいは職場のイヤな人間関係に悩み、そこから逃避することを渇望して、たとえば旅をして、ひととき平生と異なる環境に身を投じたりする。非日常、反日常は、日常を維持するために必要な営為なのである。

“民俗誌”を目指した文化史――沖浦の思想

〈文化〉は大きく二つに分けられる。一つは、卓抜した技術によって作られる美麗な螺鈿《らでん》細工等の工芸や彫刻、絵画等の有形の文化である。これら美術、工芸品は、富裕者の愉しみとして収集されたり、美術館・博物館に蔵せられたりして展覧に供され、それらは高い精神性が表現された高尚な文化とされる。それらの製作者・制作者は芸術家であり、社会的な脚光を浴び、賞賛を受ける。

一方、民衆が楽しんだ芸能文化は、道端や辻、小屋掛けした仮設舞台等で演じられ、終わるとともに眼前から消え去る。それらの多くは、社会体制内では卑賤視された人々が担った大衆の文化である。沖浦はそれらの民衆文化について、〈遊〉〈色〉が渾然となって〈悪〉の力となり、都市に形成される「悪所」となって、時代思潮を変える呪力を持ち、やがて徳川幕藩体制という「秩序」を食い破るメッセージにまでなったと分析する。

第一章「わが人生の三つの磁場」は、沖浦の育った大阪釜ケ崎の周辺、天王寺を中心にその周囲に形成された歓楽街、通天閣を象徴とする「新世界」や、色町の「飛田《とびた》」に接した原体験についての生々しい述懐であり、当事者でなくては記述し得ないまさに〝民俗誌〟である。沖浦は、「底辺や悪所」と呼ばれていたものには自然に吸引され、体内で先天的な共鳴感が生じるのだとも述べている。

こうした沖浦の〝共感〟とも言える情熱をもって、彼らの芸能や生活等の営みについて取り組んだ大きな功労者に、沖浦とほぼ同時代を生きた小沢昭一(一九二九―二〇一二)がいる。沖浦は少年期に大阪の色町を徘徊したが、小沢は同じ年頃に、町工場が建ち並び、松竹蒲田《しょうちくかまた》撮影所があり、色町もあった東京蒲田で育った。小沢は、早稲田大学文学部で学んだ知識人であったが、庶民芸能全般への情熱は変わることなく、俳優となった。役者を志したことを母親に伝えた際、母親から「なにもカワラコジキにならなくても」と反対されたことを述懐している(『私は河原乞食・考』三一書房、一九六九年〔一九八一年に文春文庫として再刊〕)。小沢の母は若いころ、市川寿美蔵《すみぞう》の熱烈なファンであった。そうした歌舞伎の愛好者であっても、家族が俳優になることは、社会的には蔑まれる職業と見做して、賛成できなかったのである。柳田・折口ら、大正時代の民俗学草創期における注目より、戦後の歴史学、宗教学からの研究の進展については先に述べたが、小沢は、戦後、自ら芸能民の世界に身を投じて彼らに寄り添いともに演じ、と同時に知識人とも交流し、研究へも多大な貢献をした。放浪芸の大集成ともいえる膨大な録音・録画（『ドキュメント「日本の放浪芸」』、Victor、一九九九年、等）をはじめとする多くの著作は、昭和・平成時代の民衆文化の貴重な記録である。人々の情欲とストレートに結びつくことからも低俗と見做された文化が、民衆の精神生活に欠くことができなかった、彼らの文化の重要性やその歴史を、生涯をかけて訴えたのだった。

小沢とほぼ同じ頃、一九二七年、大阪箕面《みのお》に生まれた沖浦は、戦後、東京大学時代、日本共産党にも入党するなど左翼思想を有していた。大学時代、アメリカ文学を学び、大学教員になったのち、一九七三年にはイギリス留学をして西洋世界を実見した。西洋史・西洋文化について該博な知識を有していたが、その後、アフリカや、インドネシア等東南アジアの視察を頻繁に行うようになる。これらの地域は欧米によって植民地化され、地域の資源が収奪され、先住民を奴隷として、その強制労働によって欧米は経済的な発展を遂げ、国際政治のなかで優位に立った。

本書は、一読したときには、古代以来、卑賤視された人々が担い手となった文化の魅力と社会的な力を礼賛しているように感じられるかもしれない。実際には、沖浦は人権問題として部落民に関心を持ち、彼の研究や活動は部落解放同盟からも支持された。

研究にとどまらない、彼の人権問題への取り組み、社会活動の情熱は、共産党員でもあった彼の左翼思想よりも、少年期の大阪でのくらし、そこでの体験の記憶が根底に流れていると見るべきであろう。

（まつお・こういち　民俗学）

本書は、二〇〇六年三月二〇日に文藝春秋より刊行された『「悪所」の民俗誌——色町・芝居町のトポロジー』（文春新書）を文庫化したものです。

ちくま文庫

「悪所《あくしょ》」の民俗誌《みんぞくし》
――色町《いろまち》・芝居町《しばいまち》のトポロジー

二〇二三年六月十日　第一刷発行

著　者　沖浦和光（おきうら・かずてる）
発行者　喜入冬子
発行所　株式会社 筑摩書房
東京都台東区蔵前二―五―三　〒一一一―八七五五
電話番号　〇三―五六八七―二六〇一（代表）

装幀者　安野光雅
印刷所　明和印刷株式会社
製本所　株式会社積信堂

ISBN978-4-480-43886-7　C0121